TRISTEZA EM PÓ

Daniele Toledo

nVersos

DIRETOR EDITORIAL E DE ARTE Julio César Batista
EDITORA ASSISTENTE Letícia Howes
EDITOR DE ARTE Áthila Pereira Pelá
CAPA, PROJETO GRÁFICO E EDITORAÇÃO ELETRÔNICA Erick Pasqua
REDAÇÃO Ana Paula Ferraz de Oliveira
PREPARAÇÃO Marina Silva Ruivo
REVISÃO Carol Sammartano
FOTO DE CAPA Rafael Hupsel / Ag. IstoÉ

Dados Internacionais de Catalogação na Publicação (CIP)
(Câmara Brasileira do Livro, SP, Brasil)

Toledo, Daniele
Tristeza em pó / Daniele Toledo. -- São Paulo : nVersos, 2016.

ISBN 978-85-8444-079-5

1. Dependência química 2. Histórias de vida 3. Mães e filhos - Aspectos psicológicos 4. Memórias autobiográficas 5. Mulheres vítimas de abuso sexual 6. Prado, Daniele Toledo do I. Título.

16-03274 CDD-920

Índices para catálogo sistemático:
1. Memórias autobiográficas 920

1ª edição - 2016
Esta obra contempla o novo Acordo Ortográfico da Língua Portuguesa
Impresso no Brasil
Printed in Brazil

nVersos Editora
Av. Paulista, 949, 18º andar
01311-917 - São Paulo - SP
Tel.: 11 3382-3000
www.nversos.com.br
nversos@nversos.com.br

Para a Totoia,
minha magrelinha,
meu chicletinho,
por toda a eternidade.

Tudo isso aconteceu comigo.
Fico imaginando como seria se fosse com uma moça
que não tem muitas informações, como uma dessas
moças aqui da roça da região do Vale do Paraíba.
É capaz de os médicos fazerem uma coisa
dessas e ela ainda achar que tava errada.
É também pra essas moças
que eu dedico este livro.

"Parece cocaína, mas é só tristeza."

Há tempos/Legião Urbana

Prefácio

Cristina Christiano[1]

Eu ainda me lembro como se fosse hoje do dia em que Daniele Toledo foi presa, acusada de matar a filha Victória com cocaína na mamadeira. A delegacia de Taubaté estava lotada de jornalistas, e um burburinho – causado por

1 Cristina Christiano é jornalista e passou por diversas redações de jornais, revistas e canais de TV. Foi editora de polícia na antiga *Folha da Tarde*, chefe de reportagem de política no *O Estado de S.Paulo*, repórter especial no antigo *Diário Popular* e depois no *Diário de S.Paulo*, correspondente da revista *Sábado*, de Portugal; atuou na produção do Programa Ferreira Neto, na TV Record e depois SBT, participou dos programas Linha Direta, Ronnie Von, Roda Viva, Mais Você, Domingo Legal e atualmente está na pauta do jornal SBT Brasil, no SBT.

um misto de indignação e revolta – tomava conta do ambiente. Na saleta próxima à entrada do gabinete do delegado-titular havia várias caixas vazias de pizzas e algumas garrafas de refrigerante. A equipe tinha virado a madrugada na elaboração do flagrante e estava com muita pressa de concluir o caso e remover a suposta assassina para um presídio. As pessoas na cidade já se referiam a ela como o "Monstro da Mamadeira" e a polícia temia uma tentativa de linchamento.

O delegado só apareceu para falar com os jornalistas no meio da tarde. Apesar do cansaço, a expressão no rosto dele era de muita euforia por acreditar que havia esclarecido em tempo recorde um caso tão complexo como aquele. "Conseguimos apreender a mamadeira na casa da acusada com restos de um pó branco misturado ao leite. Fizemos o teste preliminar (o *blue test*) e o resultado foi positivo para cocaína. Não há nenhuma dúvida. Aquela mulher tem histórico de uso de entorpecente na adolescência. Ela é um monstro", comentou o policial.

Eu ainda tentei questionar o delegado, querendo saber se a mãe havia confessado o crime. Mas era óbvio que não. Esse detalhe, porém, parecia não ter importância para ele. "A Daniele é muito fria, não derramou uma lágrima. Diz apenas que não se lembra de nada", argumentou.

Meu coração estava muito apertado quando saí da coletiva de imprensa e a vontade de chorar era imensa. Eu não conseguia entender como uma mãe podia fazer uma coisa daquelas com um bebê, não ter reação nem sentir remorso. Mas também tinha receio de estar prejulgando a moça porque só tinha ouvido um lado da história. Na porta, casualmente, encontrei o pai de Daniele. Ao me aproximar para pedir uma foto da criança e saber o que pensava da filha, ele me implorou ajuda, em prantos.

Numa rápida conversa, me disse que a filha era inocente. Segundo afirmou, Daniele era capaz de sacrificar a vida dela para salvar a da menina. Além disso, recentemente, havia passado quarenta dias no hospital ao lado de Victória, praticamente sem se alimentar e dormindo muito pouco só para não deixá-la sozinha. Ele também me convidou para ir à sua casa falar com a mãe de Daniele.

A mãe contou exatamente a mesma coisa que o marido e falou que o pozinho encontrado no leite era um medicamento que Daniele dava a bebê para ela ganhar peso. Ela me disse ainda que a filha havia sido estuprada no hospital por um estudante de Medicina e que o delegado que a prendeu sabia, porque também investigava esse caso. Meu coração disparou. Pedi um copo d'água. Quando a geladeira foi aberta notei que estava praticamente vazia. Havia apenas duas garrafas de água, restos de cebola e alguns ovos. A família era simples e humilde e, talvez por isso, foi mais fácil para o delegado acusar a moça publicamente antes de ouvir testemunhas e concluir o inquérito.

A família fez questão de me mostrar também o quarto onde Daniele dormia com os filhos. Além de Victória, ela tinha um menino de três anos de idade na época. Logo me chamou a atenção o cuidado com as roupas das crianças. Tudo bordado, limpo, dobrado e guardado em gavetas.

Usuário de drogas jamais faria isso. Eu estava muito confusa com tudo e, pela minha experiência, sentia que de fato os pais falavam a verdade.

Na época eu trabalhava no jornal *Diário de S.Paulo* e meus editores me deram carta branca para investigar o caso e tentar comprovar a inocência de Daniele. Eu conversei com um delegado do Departamento Estadual de Narcóticos e ele me explicou que a pessoa com overdose de cocaína fica eufórica, tem taquicardia, pulsação acelerada, pressão arterial elevada. Mas os sintomas de Victória eram completamente opostos: sem pulsação, sono profundo, falta de batimentos cardíacos, pressão baixa. A criança tomava anticonvulsivos. Em seguida, procurei uma professora da Faculdade de Farmácia da USP e ela foi categórica: o *blue test* dá falso positivo porque pode reagir com outras substâncias além da cocaína.

A partir daí não havia mais dúvidas. Mas, mesmo assim, conversei com o diretor do hospital onde Victória morreu. Apesar de colocá-lo a par das explicações que recebi, ele insistiu na culpa da mãe e falou que, assim como todos na cidade, conhecia o histórico de vida dela de longa data. Também procurei o promotor responsável pelo processo contra Daniele e fiquei chocada com a resposta. "Vou denunciá-la. Se ela for mesmo inocente, depois retiro a acusação", comentou. Fiz uma reportagem contando tudo e alertando para a hipótese de Daniele ser inocente. Quinze dias depois saiu o laudo oficial do IML confirmando minha apuração. Não havia cocaína na mamadeira.

Meu Deus, me pergunto ainda, como as pessoas podem destruir a vida de outras em segundos simplesmente porque não tiveram tempo de esperar a verdade vir à tona ou porque a suspeita cometeu erros no passado? Daniele foi acusada, julgada e condenada pela opinião pública sem a mínima chance de se defender. Talvez, se pertencesse a uma família de posses, como a do estudante de Medicina que a estuprou no hospital, nada disso teria acontecido. O caso do estupro foi arquivado sem que ele fosse indiciado. Eu fiz a minha parte e não acho justo ser tratada como heroína simplesmente porque cumpri meu dever como profissional e como ser humano. Mas sinto não ter podido evitar que Daniele passasse por tanto sofrimento, como ela relata nas páginas deste livro.

Os depoimentos de Daniele estão repletos de emoção do começo ao fim do livro e dificilmente quem os lê não se perturba. *Tristeza em pó* é o retrato do lado obscuro e cruel do nosso cotidiano e obriga a uma reflexão sobre valores e atitudes impensadas. Só sinto, nesta triste história, saber que, infelizmente, Daniele não foi a primeira a passar por tanto sofrimento injustamente, nem será a última. Até quando isso vai acontecer? Não sabemos.

Fevereiro de 2016

Nota da Editora

A pedido da autora, e para a sua própria segurança, todos os nomes das pessoas citadas neste relato verídico foram substituídos. As únicas exceções são os nomes de Daniele, sua filha Victória, além de Tereza, Leila, Dr. Wagner e da jornalista Cristina Cristiano.

Cumpre-nos informar ainda que o estudante do quinto ano do curso de Medicina citado nesta obra é denominado erroneamente como "médico residente" do hospital de Taubaté, onde a filha de Daniele esteve internada. Uma parte da mídia na ocasião seguiu adotando, também erroneamente, a mesma denominação.

Portanto, ele era apenas um estudante de Medicina cursando o 5º ano da graduação, não um médico formado, selecionado em concurso público de residência médica.

0.

Taubaté não tem periferia. Tem antes e depois da linha do trem. Eu morava depois.

Nossa casa era simples. Tinha quarto, sala, cozinha e banheiro. Dormia todo mundo no mesmo cômodo: meus pais, meus dois irmãos mais novos e eu. Quando eles foram crescendo, meus pais compraram uma caminha de armar e desarmar pra eles.

Na nossa rua tinha uma praça pequena, com um parquinho, tanque de areia. Tinha bastante criança ali. Eu era zoeira, moleca – rolava na terra, andava descalça. Bati a cabeça três vezes, quebrei o braço. Nunca cumpria o horário pra voltar da rua. No fim do dia, minha mãe aparecia no portão chamando

Daniele! Tá na hora de entrar!

Eu não gostava de entrar. Dentro de casa eu brigava muito com meus irmãos. Quase sempre por causa da televisão. Eles queriam ver *Power Rangers*, e eu, *Ursinhos Carinhosos*.

Também brincava bastante de boneca. Eu gostava de uma Barbie original, mas com a cabeça quebrada, que ganhei. Pegava o carrinho dos meus irmãos e inventava que era a limusine dela. Meu pai era montador de móveis e ganhava miniaturas de mobília que dava pra gente, e com elas eu fazia a casa. Uma colega da minha mãe costurava pra fora e fazia as roupinhas das minhas bonecas.

Não tenho do que reclamar da minha infância.

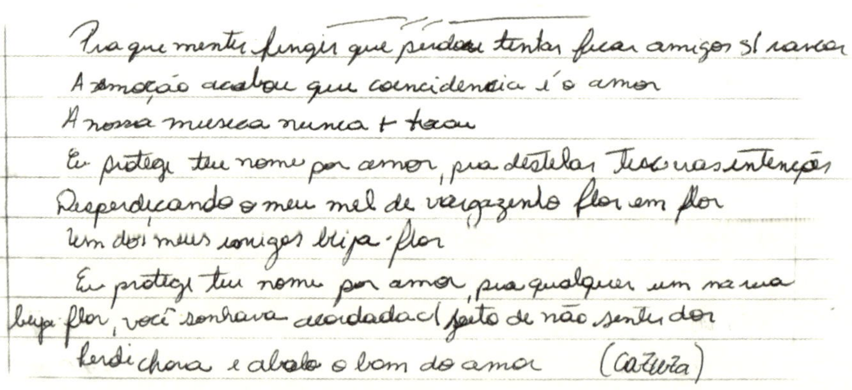
Pra que mentir fingir que perdoou tentar ficar amigos s/ rancor
A emoção acabou que coincidência é o amor
A nossa música nunca + tocou
Eu protegi teu nome por amor, pra destelar [illegible] intenções
Desperdiçando o meu mel devagarzinho flor em flor
Um dos meus amigos beija-flor
Eu protegi teu nome por amor, pra qualquer um na rua
beija-flor, você sonhava acordada c/ jeito de não sentir dor
Perdi chora e abalo o bom do amor (Cazuza)

1.

Aprendi a fumar e a usar droga na escola.

Minha mãe nunca desconfiou. Eu não tinha faltas nem notas baixas. Com treze anos, comecei a trabalhar como balconista na Doceira do Vale, que fica no centro da cidade e é muito tradicional na região. Estudava de manhã e, às duas e meia, entrava no serviço. Às dez da noite, a loja fechava. Eu ia pra casa, tomava banho, me arrumava e ia pra balada.

À noite, gostava muito de usar roupa preta: colocava uma calça justa e uma blusinha também dessa cor. Depois passava lápis preto pra realçar os meus olhos verdes e um batom cor-de-rosa bem clarinho. Estava pronta e saía. Naquela época, eu fazia luzes no meu cabelo, castanho-claro e liso, e usava um corte repicado, na altura do ombro. Gostava muito de ir numa casa de shows chamada Estrutura, que tocava rock brasileiro – adoro o Charlie Brown Jr. e o Rappa. Com 1,64 metro e 55 quilos, tinha um corpo que chamava bastante a atenção. Eu me sentia muito bonita.

Com o salário que ganhava, pagava a balada, comprava roupa nova e droga. No começo, cheirar era mais só no fim de semana. Depois, era também durante a semana. Primeiro de manhã, pra aguentar ficar acordada na escola. Depois, era à tarde, pra aguentar o trabalho.

Cheguei a me viciar um pouquinho, sim. Fui fazendo dívida. Até que percebi que não comprava mais nada pra mim, só pó. Vi que não ia chegar aonde eu pretendia. Eu nunca repeti de ano. Gostava de desenhar e queria ir pra faculdade de Arquitetura. Com dezesseis anos, resolvi parar de usar e fui atrás de ajuda.

Em março de 2001, comecei a participar das reuniões dos Narcóticos Anônimos. Ninguém sabia. Parei com tudo. Em janeiro de 2002, quando fiz dezessete anos, já não tava mais usando. Em julho, fiquei grávida do André, meu primeiro filho. Eu estava no segundo colegial e muito arrependida de ter engravidado. No comecinho, até pensei em fazer aborto. Só que nunca tomei uma atitude. Levei em frente. E, mesmo com a barriga, continuei participando das reuniões do NA.

Eu não via o Fabiano como pai do meu filho. A gente tinha começado a namorar na escola, quando eu tinha catorze anos. Não, ele não foi meu primeiro "namorado". Ele era moreno, alto, um pouco desengonçado – eu achava ele engraçado e divertido. Ele só usava droga esporadicamente, gostava mesmo era de beber cerveja, muita cerveja. Às vezes, a gente ia junto aos shows no Estrutura; às vezes, um dava um perdido no outro. Como a gente morava em bairros distantes, certa hora da noite eu falava pra ele que ia dormir, daí ele falava pra mim que ia embora pra casa; no fim, ninguém ia dormir nem ia pra casa nada. A gente ia cada um pra uma balada. Até que, grávida de dois meses do André, descobri que ele tinha outra pessoa. E que essa outra mulher também tava grávida dele. Terminei nosso relacionamento. No final, ele teve os dois meninos, e aí tem sempre uma época do ano em que o meu filho e o irmão ficam com a mesma idade.

Apesar de todo esse rebuliço, foi tudo tranquilo na gravidez do André. Minha família me apoiou e eu não tive nenhum problema de saúde. Nada. Me sentia bem, gostava muito de andar, continuei estudando e frequentando o grupo dos Narcóticos Anônimos. Foi lá que eu conheci o pai da Victória.

2.

O Renan é um cara bem aparentado. De olhar pra ele, não dá pra notar que é usuário de droga – só mesmo pelo jeito de falar e de agir. Tem 1,92 metro, é gordo e anda sempre bem vestido. É um noia chique: nasceu numa família tradicional (falida, mas tradicional) de Tremembé, que é a cidade vizinha. Eles fazem questão de comprar tênis caro, camisa cara, tudo pra ele. Mesmo sabendo que depois ele vai trocar tudo por pedra.

Apaixonada, daquelas de dizer *faço tudo por ele*, eu nunca fui. No começo, durante a gravidez do André, a gente ficou muito amigo e só. Depois que o André nasceu, em março de 2003, a família do Renan pegou um carinho muito grande pelo meu filho. Acabou se formando um laço com a avó e com os pais dele. Aí, quando o André tava com uns três meses, resolvi dar uma chance pra ele.

A gente foi ficando, ficando, eu fui levando. O pai do André não tava nem aí e eu procurava uma família pro meu filho. Acabei engravidando de novo, no fim de 2004, quando o André tava com quase dois anos.

Logo que descobri a gravidez, o Renan recaiu. Ele tinha várias recaídas. Eu tentava ajudar, mas nada dele querer. Foi aí que eu disse *não quero mais*. Terminei com ele. O problema é que ele era uma pessoa extremamente fora do ar. Se fosse uma pessoa estabilizada, se tivesse emprego fixo... só que não. Foi um erro meu.

O Renan queria voltar, eu não queria. Ele morria de medo que eu voltasse com o pai do André. Nessa época, eu trabalhava num prontoatendimento lá em Tremembé, que tem uma parte rural grande, mas a cidadezinha mesmo é bem pequena e todo mundo se encontra, mesmo sem querer. Eu já estava com uma barriguinha e, pra ir na rodoviária, que era longe, pegava ônibus na frente da casa da mãe do Renan, pra não cansar.

Dava muita briga quando ele me via. Numa dessas, ele me agrediu feio. O tio dele me pediu pra não fazer o boletim de ocorrência nem dar queixa na delegacia por causa da mãe dele. Com o Renan eu tinha problema, mas com a família dele não tinha nenhum. Aí não fiz.

Com cinco meses da gravidez da Victória, voltei a namorar o pai do André.

3.

Fiz o pré-natal da Victória todo certinho, desde o comecinho. Meu atendimento foi na Casa da Mãe Taubateana. Na primeira consulta, me perguntaram

Já bebeu? Já fumou? Já usou droga?

Eu falei a verdade

Já. Maconha e cocaína.

A informação ficou no meu prontuário médico. Mas já fazia mais de dois anos que eu tava limpa. Quando fiquei grávida da primeira vez, enjoei até do cigarro. Só voltei a fumar Marlboro Light depois. Quando engravidei da Victória, enjoei do cigarro de novo. Hoje, fumo meio maço de Free por dia.

Tirando isso, a gestação dela foi bem diferente da gestação do André. Passei muito mal. Inchei muito. Engordei 32 quilos. Comecei a ter muito sangramento e, com cinco meses, tive ameaça de aborto. Minha pressão começou a subir demais. E olha que minha pressão nunca tinha sido alta. Só que, mesmo tomando medicação, passou a ficar em 15 ou 16 x 10.

Com apenas trinta semanas de gestação, tive uma crise. A pressão chegou a 24 x 12 e tive que fazer uma cesárea de emergência no Hospital Universitário de Taubaté, que era referência para ter o parto. Já tinha feito a cesárea do André lá, só que a cirurgia dele foi porque tinha passado do tempo de parir, 42 semanas.

Nunca tinha tido nenhum problema com o hospital.

4.

"Um dia me disseram
Que as nuvens não eram de algodão."
Somos quem podemos ser/Humberto Gessinger

Minha filha nasceu prematura de sete meses, no dia 28 de julho de 2005. Nasceu com 2,040 quilos, perdeu peso e foi pra 1,450. Teve que ir direto pra UTI neonatal.

O nome dela ficou Victória Maria. Victória eu escolhi pela luta dela pra viver. Maria era uma homenagem à mãezinha de Jesus, já que a avó paterna dela tinha feito uma promessa. Também fiz promessa pela saúde da minha filha. Fiquei um ano sem tomar refrigerante. Quando cumpri, fui descalça na procissão do Bom Jesus.

A Victória foi se recuperando bem. Depois de dez dias, ela saiu da UTI e foi para o berçário pra ganhar peso. Ela precisava ter mais de dois quilos pra ganhar alta. Foi lá que eu vi pela primeira vez a Dra. Patrícia.

Ela estava examinando os nenéns, pronta pra ir pro centro cirúrgico, vestida com aquela roupa azul dos médicos. Devia ter uns trinta anos. Tinha olhos azuis e o cabelo loiro, liso, preso num rabo de cavalo baixo. Era magra e devia ter a mesma altura que eu. Uma mulher bonita, de família com dinheiro, como todas as famílias das casas de luxo do Condomínio Vale do Sol, em Tremembé, onde ela morava. Naquele momento, a Dra. Patrícia me pareceu uma médica normal. Talvez só um pouco ríspida. Uma pessoa seca. Nada contra, mas também nada a favor. Para ela, a Victória era apenas mais um bebê ali. A voz grossa me chamou atenção quando ela falou comigo sem nem me olhar nos olhos.

Mãe, a Victória precisa ganhar peso e precisa do seu leite. Vou pedir pras enfermeiras virem aqui te ensinar a ordenhar.

Parecia um pouco indiferente ao sofrimento que a gente tava tendo naquele momento. A Victória teve que ficar no berçário mais 26 dias. Eu voltava todos os dias pro hospital pra ficar com ela e amamentar. Chegava na hora do banho das crianças, que era bem antes do almoço, e ficava até às dez ou onze horas da noite. Quando ia pra casa, ordenhava o peito pro leite não secar. E continuei tomando o metildopa, uma medicação que me davam na gravidez. A médica dizia que era pro corpo da Victória não sentir falta.

Só fui ver a Dra. Patrícia de novo no pronto-socorro, no domingo em que a Victória morreu.

5.

Até hoje a gente não sabe do que a Victória morreu.

Apareciam umas feridas na pele dela, umas bolinhas parecendo catapora, das pernas pra baixo. Aí ela tinha febre muito alta, crise convulsiva e depois entrava em coma. Os médicos deram pra ela um pré-diagnóstico de encefalite autoimune.

Essa crise convulsiva começou quando ela tava com dois meses. Eu já tinha visto crise convulsiva, mas nunca em criança. Era muito impressionante. Ela ficava se debatendo e parecia que travava. Depois que passava, ela chorava. E a Victória não chorava pra nada, nem pra mamar. Eu que tinha que acordar ela pra amamentar e dar banho.

Levei ela ao pediatra. Primeiro receitaram o fenobarbital, que é o gardenal. Ela não se deu bem com a medicação e passou para o depakote. O médico me dizia que ela não ia sentar e não ia andar. A Victória deu uma estabilizada e, com seis meses, já tava sentando. Ia ser bem arteira, como eu. Ela estava doente, mas podia se recuperar.

◊

Tudo corria bem de novo e fiquei noiva do Fabiano.

Mas, a partir dos seis meses, a Victória começou a ter uma febre que a gente não sabia de onde vinha. Era banho e mais banho pra baixar. Eu dava alivium pra ela e nada. E todo mundo falando pra mim que era o dente, que era o dente. Como que uma criança com 40 graus tem febre de dente?

Até que um dia minha filha passou com uma médica muito boa lá no prontoatendimento da Gurilândia. A Victória tinha diarreia e uma urina que era muito ácida pra idade dela, e essa doutora falou *Tô achando que é infecção renal.*

Começaram a investigar a parte renal. Fizeram uretrometria. A Victória chorou, chorou e não descobriram nada. Faziam exame de sangue e o resultado dava que era infecção. Aí ela tomava antibiótico, mas não melhorava. Ninguém sabia de onde vinha a infecção. Quando minha filha tava com onze meses, a médica disse *Olha, tô conseguindo uma internação pra ela.*

Victória conseguiu a vaga no Hospital Universitário de Taubaté. Fomos pra lá no dia 17 de julho de 2006. Eu procurava fazer de um jeito que ela não sentisse tanta falta de casa. Levava o lençolzinho dela, pendurava uma bonequinha no berço, deixava os brinquedinhos perto. Ela adorava o telefoninho. Acho que ela pensava que era a telefonista do hospital, porque tirava o brinquedo do gancho e falava *aô, aô.*

No dia 28 de julho de 2006, no hospital, a Victória completou um aninho. Era uma sexta-feira. A administração liberou pra levar um bolinho. Decoramos o quarto, pusemos bexiga... Nesse dia ela brincou muito com o André. Ela tinha paixão pelo irmão. E ele não tinha ciúme, sempre tratava ela com muito carinho.

Quando foi na segunda-feira, começou outra crise: febre alta. De repente, ela foi perdendo os movimentos dos membros. Parecia que era um bebezinho recém-nascido de novo; não reagia a nada. Eu dava banho e ela não acordava. Passaram uma sonda nela e estourou a jugular, e nem assim ela acordou. Minha filha ficou lá como se fosse um boneco, inerte. Não fazia nada. No dia seguinte, uma terça-feira, pediram a avaliação do neurologista e ele deu

A Victória está em coma.

Ela teve rebaixamento do nível de consciência a praticamente zero. Daí disseram que o problema dela não era na parte renal. Era no cérebro, que começou a apresentar feridas. Apareceu na tomografia. Por isso, essa infecção que ela tinha nunca ia ser combatida com antibiótico. O problema tava no cérebro. Ainda tinham que investigar se era isso mesmo. Como o hospital-escola era um centro de formandos, muitos alunos e professores passavam no quarto pra estudar o caso dela. A Victória era uma atração ali.

Foi muito triste o que a gente viveu.

6.

Depois de dezesseis dias contados, a Victória acordou, como se não tivesse acontecido nada. Arrancou o tubo da boca e veio bem alegre mamar no meu peito.

Aí ela começou a ter problema respiratório também. A médica falou *se ela não melhorar vamos ter que fazer uma traqueostomia.*

Eu não queria que fizessem esse procedimento. Era muito invasivo e ela já tava sofrendo demais. A médica disse *a gente vai dar alta pra ela e investigar no ambulatório pediátrico pra descobrir o que ela tem.*

A Victória voltou pra casa e, de repente, a crise começou de novo. Pareceu que tava estourando um vasinho na perna dela, que era muito branquinha, e ela comecou a vomitar. Voltamos correndo pro hospital. Ela foi pra entubação. De repente, a menina acordou.

Foi isso por oito vezes. Ela tinha alta, ia pra casa, ficava um ou dois dias bem e entrava em coma. Essa rotina durou até o falecimento dela.

O Dr. Mauro, que era um dos chefes da equipe, falava que a Victória não podia ficar na enfermaria com outras crianças do hospital. Ela tinha que ficar no Isolamento Infantil do Hospital-Escola, porque, se ela tivesse rebaixamento do nível de consciência, tinha que ir direto para a UTI. Por isso eu tinha uma carta do hospital pra eu poder entrar direto quando ela tivesse uma crise. Então, quando acontecia, eu ligava pra enfermeira, perguntava se tinha vaga e ia correndo pro hospital; não esperava ela melhorar ou piorar.

Sei que tudo vai passar, qdo eu me desligar e não ~~mais~~
esperar. Sei as coisas são assim onde tudo tem seu fim
não tendo me esperar
Eu vou estar em algum lugar onde ninguém vai me achar
entender não há porque tudo que me faz viver
Tanto tempo s/ saber que quase nem quero espero encontrar
e se a certeza for em vão eu busco outra razão pra
nunca + voltar

7.

Eu era a mãe que mais ficava lá no hospital. Só ia pra casa pra tomar banho e voltava. Ficava praticamente as 24 horas do dia internada com a Victória. O meu noivo e a minha mãe revezavam os cuidados com o André. Meu contrato de trabalho como recepcionista no pronto-atendimento de Tremembé, que era de seis meses, foi renovado por mais seis; só que depois que a Victória nasceu, não fui mais recontratada. Tava desempregada e também não podia trabalhar, pra poder ficar com ela.

A gente acabou conhecendo todo mundo no hospital. Criou um laço. A Victória era o xodó da Pediatria. Só tinha um médico com quem ela não ia. Com os outros, ela pegava o estetoscópio, que era o brinquedinho dela, e fazia *tum tum tum* na gente.

O dia 8 de outubro era um domingo. Minha mãe ficou com a Victória e eu fui pra casa. Tava muito calor. Tomei um banho e voltei pro hospital. Cheguei lá à noite e a Victória tava dormindo. Falei pra enfermeira-chefe

Cidinha, vou buscar água pra passar a noite e já volto. Dá uma olhadinha na Victória pra mim? Você quer que eu pegue pra você também?

Ela queria. Peguei minha garrafinha e fui.

Tinha um bebedor na Ortopedia, mas tava desligado. Aí fui na Recepção, que sempre tinha água gelada. Peguei pra mim e pra Cidinha. Em vez de pegar o mesmo caminho pra voltar, contornei e fui pela Ginecologia e Obstetrícia, dando uma volta por dentro do hospital mesmo. Queria passar na Pediatria pra perguntar pras meninas da enfermagem se elas iam rachar alguma coisa pra comer. Eu tava com fome e domingo à noite elas sempre encomendavam pizza. Eu tava acostumada a fazer isso.

Estava chegando perto do ambultório de Pediatria e Ginecologia. É um lugar que só funciona de segunda a sexta, em horário comercial. O prédio é bem antigo, de freiras, é tudo escuro no domingo à noite, não fica ninguém. Quando passei por debaixo de uma rampa que tem ali, percebi uma luzinha que acendia e apagava. Havia um odor diferente no ar. Vi que era uma pessoa; devia estar fumando algo, fiquei assustada e tentei voltar. Não deu tempo: a pessoa me agarrou por trás, colocou um pano na minha boca com um cheiro forte e comecei a sentir uma tontura, uma zonzeira. Meu ouvido zumbia e, por alguns instantes, perdi o sentido de localização. Mesmo assim, pude identificar que a pessoa me puxava para o setor de Compras, que é um lugar mais afastado dentro do hospital.

Eu estava apavorada, com muito medo do que poderia acontecer. Queria fugir, mas a substância que fui forçada a inalar me deixou sem forças. Não tinha mais saída. Aquele homem nojento, branco e jovem, não parecia nada normal, além de ter sua expressão desfigurada. Ele tava muito agitado, como se estivesse sob o efeito de alguma droga. Talvez crack. A gente sabe que tem dormitórios reservados para médicos que dão plantões ali. E que pode acontecer o consumo de drogas ali dentro, pela facilidade. Usando algo cortante, que eu imagino que era um bisturi, ele me encostou na parede dizendo, com a voz alterada, *eu sei da necessidade que sua filha tem do hospital, então fica quietinha*. Entendi na hora que ele me conhecia. Ele sabia que eu tinha uma filha, ele devia ter estado sempre ali. Isso me deixou com mais medo ainda, pois ele podia me perseguir, podia acontecer de novo. Ele encostou o cotovelo no meu pescoço para me imobilizar e rasgou a minha blusa. Cortou minha mão, minha boca. Eu só chorava e pensava na minha filha enquanto ele abaixava o meu short e me penetrava, com brutalidade. Era nojento, a maior dor era a da humilhação. Enquanto ele gozava, na minha cabeça só vinha a Victória, que tava me esperando no quarto. O que poderia acontecer com ela? Ela tava em risco na UTI? Fiquei quieta o tempo todo. Não pude reagir. Depois que acabou, arrumou a calça e saiu. Meu medo era maior que o alívio.

8.

Voltei para o Isolamento Infantil cerca de uma hora depois, muito machucada. Eu tava cortada e sangrava. Minha bermuda ficou manchada, e minha blusa de moletom tava rasgada. Me sentia suja. A Victória já tinha acordado.

A Cidinha viu o meu estado e começou a perguntar o que tinha acontecido. Eu não falava. Não conseguia falar. Comecei a arrumar as coisas da Victória, só queria pegar ela e ir embora dali, sumir, rápido. A Cidinha disse *Se não quiser falar, não fala, mas avisei a enfermeira chefe do hospital e ela já chamou a polícia.*

Acho que deduziram o que tinha acontecido comigo. A polícia chegou e fiz o boletim de ocorrência no mesmo dia. Me deram um calmante e, aos poucos, fui falando. Fizeram uma busca no hospital, mas não acharam ninguém. Fui examinada no próprio hospital, onde colheram o material pra ver o que tinha acontecido.

No dia seguinte, o hospital me levou pra tomar vacina contra hepatite e fazer um reconhecimento por foto. Me mostraram várias pessoas. Eu disse

É esse aqui.
Você tem certeza? Tem certeza que é essa pessoa?
Tenho.
Não é ninguém da limpeza?
Eu não sei de onde ele é, o que ele faz,
só sei que foi essa pessoa.

Depois eu soube. O nome dele era Diego; era um residente do hospital, aluno do quinto ano de Medicina da Unitau. Talvez eu já tivesse visto ele alguma vez na Pediatria, no meio dos estudantes, só de relance. Nada que marcasse. Nunca peguei ele me olhando, tentando me paquerar, puxar conversa, acenar, nada.

Me chamaram na Administração. Perguntaram de novo se eu tinha certeza que era ele. *Não* é *esse aqui, ó?,* é *parecido...* Eu disse *não*. Fiz o reconhecimento várias vezes e sempre reconheci a mesma pessoa. Disseram *Mas essa pessoa não estava lá no dia*. Só que depois, no inquérito, viram que o carro dele tinha dado entrada no hospital naquele mesmo dia, apesar de não ser plantão nem dia pra ele estar lá.

Estupro é crime. Não é uma coisa que você escolhe se o processo vai continuar ou não. Não dá pra desistir. O único jeito de acabar com o processo era se eu falasse que era mentira minha. Ou que tinha sido outra pessoa. Eles queriam que eu fizesse isso. Porque o estuprador era um estudante de Medicina, de uma família de posses muito influente no interior, diziam que patrocinadora de uma das maiores festas do interior do estado de São Paulo. Eu disse *não*.

Comecei a receber ligações anônimas no meu celular. A pessoa falava que sabia quem eu era. Que sabia das necessidades que minha filha tinha do hospital. Que era melhor eu mudar a minha versão. Que eu podia me dar mal.

Eu tava no Isolamento Infantil quando, do nada, apareceu uma mãe me olhando feio no corredor. Ela ficava encostada na porta do quarto do filho dela, logo em frente ao quarto da Victória, me encarando. Cismou com a minha cara. Dizia que eu era metida e nojenta. Falou que ia me arrebentar. Aí entrou uma enfermeira dizendo *A gente recebeu ordens para tirar vocês daqui*.

Colocaram a Victória num quarto particular pra ver se eu amolecia. Diziam *Tem uma cama pra você, vai ter almoço, jantar, todas as regalias*. Estranhei. Quando que uma pessoa tá no SUS e, de repente, te dão um quarto particular? Como eu ia pagar? Eu não podia aceitar de jeito nenhum. Quando chegou de noite, peguei minhas coisas e falei *Tô voltando lá pra baixo*.

No dia seguinte, fui chamada na Administração do hospital. A Renata, que era a coordenadora, perguntou

Por que você não quis ficar lá? Lá dentro não tem vaga, mãe. E a Victória não pode ficar com outras crianças. Você tem que pensar no que é melhor pra sua filha.

Bati o pé

Eu sei o que é o melhor pra minha filha, e o
que é melhor pra ela é o melhor pra mim.
Minha mãe já sabe que eu tô ali embaixo.
E se eu não tiver condições de pagar?

Ela insistiu

Não vai ter que pagar nada, mãe. É uma cortesia
que o hospital tá te dando. Faz o seguinte: vai
pra casa descansar e deixa a Victória aqui
com a gente. Você vem aqui num horário
ou outro; ela não tem mais necessidade
do peito. Deixa ela com a gente.
A mãe do Érico não faz isso?

Eu não ia aceitar isso

Eu não vou deixar ela aqui de jeito nenhum.
Sozinha ela não vai ficar. Ela não é
adulta pra ficar sozinha.

Voltei pro SUS.

No dia seguinte, o segurança veio me chamar no quarto:

Daniele, tem uma advogada aí na
porta querendo falar com você.

Achei estranho porque eu não tinha acionado ninguém. Em geral, é a gente que procura o advogado. Só quando é muito carniceiro mesmo, porta de cadeia, que vem atrás da gente. Disse pro segurança *Eu não tenho advogada, não.*

Ele foi lá falar com a mulher. Depois voltou

Olha, ela insiste. Melhor você ir até lá falar
com ela porque aqui a gente não tem
permissão pra deixar ela entrar
e conversar com você.

Quando cheguei na recepção, vi a advogada esperando, de pé, com uma pasta na mão. Era gordinha, tinha a pele clara e um cabelo preto, alisado, bem comprido, batendo na cintura. Era um pouco mais alta que eu e usava calça social preta, blusinha e um sapato com saltinho pequeno. Usava o contorno dos olhos pintado de preto, tinha um olhar marcante. Ela me estendeu a mão e se apresentou

Oi, Daniele, muito prazer. Eu sou
a Dra. Gláucia Monteiro.

Ela me disse que tinha ouvido sobre o caso do estupro e que o hospital ia aprontar comigo. Que tava lá pra oferecer os serviços

Um investigador da delegacia falou pro
meu marido do seu caso. Disse que
você ia ter problemas aqui. Que
você ia precisar de ajuda.

A Leila, que é a pessoa mais entendida, mais estudada na família, assistente social formada e aposentada pelo INSS, já tinha ido na Defensoria Pública antes disso. Tinham explicado pra ela que a vítima não precisa de advogado em caso de estupro. A Dra. Cláucia insistiu

O serviço que eu estou oferecendo é para caso você tenha algum problema com o hospital.

Ela já tinha uma procuração em mãos. Disse que era pra ter livre acesso comigo, caso a Victória tivesse algum problema. Eu só tinha que assinar. A Leila leu e falou *aceita*. Aceitei.

Não tinha nada falando de valores. Eu nem pensava nisso. Foi tudo muito rápido e por acaso. Claro que eu sabia que eu teria que pagar, mas nem pensei nisso na hora.

9.

Eu ainda não tinha superado o trauma do estupro. Tinha medo de ser agredida de novo. E tava nervosa com a pressão da Administração do hospital. Pra piorar, no dia 24 de outubro, a Victória teve mais uma crise e voltou pra UTI. No dia seguinte, quarta-feira, chamaram o coordenador da Pediatria e a médica responsável pela UTI. Ao invés de ligarem pra mim, ligaram pra avó paterna da Victória e deram alta pra ela.

Eu tava muito passada com toda aquela situação. Não teve jeito, eu tinha que aceitar a alta, apesar de a Victória não estar bem, pra poder continuar o tratamento no hospital. E eu também tinha a carta que me autorizava a entrar direto com a Victória lá, caso ela tivesse outra crise. Pensava que podia voltar.

Além disso, Victória já estava com uma internação no Instituto da Criança do Hospital das Clínicas da Faculdade de Medicina da Universidade de São Paulo agendada pra próxima segunda-feira. Pensei *tomara que ela fique bem até segunda, a gente vai pra São Paulo e depois ela fica internada lá.* Eu já tinha conseguido a ambulância e a UTI pra ela. Ela ia ficar dois dias lá.

A Victória voltou pra casa. Tava bem feliz e brincou. Na sexta-feira, minha mãe levou minha filha pra igreja. No sábado, arrumei o André e coloquei a Victória no carrinho. Ia na casa da minha amiga Mariana, na Vila Aparecida, que fica a uns dez minutos a pé da casa dos meus pais. Falei pra minha mãe que não ia demorar e saí com os dois.

No caminho, quando eu tava indo, a Victória começou a ficar molinha e vomitar. Virei ela de ladinho no carrinho e voltei correndo pra casa. Chegando, fui dar banho nela, pra ver se ela acordava. Ela não tava mais acordando. Liguei pro hospital para saber se tinha vaga. A enfermeira chefe do hospital disse

> *Vou falar pra você, Dani. Tem vaga, mas não posso aceitar vocês aqui. Se eu aceitar, vou colocar meu emprego em risco. E falta pouco tempo pra eu aposentar...*

Eu tinha a carta e já sabia mais ou menos como eles costumavam proceder: em dia de sábado, costumam dar alta e mandar todas as crianças embora. A Pediatria do hospital-escola fica vazia. Mas quando liguei, disseram que não tinha vaga pra Victória.

Insisti e fui até o hospital. O segurança me barrou

Daniele, por ordem administrativa,
a Victória não pode mais
entrar neste hospital.

O jeito foi ir direto pro pronto-socorro. Os pediatras que atendiam lá também atendiam no hospital-escola. Eles já conheciam a Victória. Achei que não tinha problema nenhum.

Ptose 27/10/

Venho por meio desta lhe pedir uma ajuda minha filha Victória Maria se encontrou internada no Hospital Universitário de Taubaté desde 17 de julho entre idas e vinda e até agora ela não tem um diagnostico fechado, neste período ela já ficou por 5 vezes na UTI e varias outras no Isolamento Infantil.

O medico que estava cuidando dela lá no hospital falou que para ficar mais facil para fechar um diagnostico ela precisaria fazer um exame de Video de Eletroencefalograma de monitorização de 24 horas, esse tipo de exame só tem em São Paulo.

Conseguimos varias consultas e lá também foi solicitado esse exame, a Victória já esta nesta lista de espera, so que existem 46 pessoas na frente dela e isso resultaria em 2 anos e 6 meses pra mais na fila de espera.

nos da familia já sabemos do custo do exame e não temos condições pois é muito caro e fora este ~~exames~~ ela precisa de outros exame de alta complexidade e altos valores.

▽ Tem 1 ano e 3 meses é uma criança doce e meiga não estranha ninguém e ~~quando nos olhamos~~ aparentemente ela não tem nada mas ele se

▽ mas esse de Video de EEG é o mais importante por enquanto. Gostaria de pedir que ajudasse minha filha ~~que passa~~ que esta sofrendo, os medicos praticamente estão abandonando o caso ~~dela~~, eles deram alta pra ela esse ultimo dia 25/10 e sem diagnostico eles suspeitam de duas doenças que é ~~doença~~ não tem cura +

tem tratamento, e esse tratamento ela nem inicia e essas duas doenças deixam sequelas ou leva até a morte; eu não aceito gostaria de resolver o caso dela, mas tenho a plena consciencia que não tenho condições, então venho por meio desta lhe pedir essa ajuda em relação ao exame da minha filha.

Grata.

10.

Victória deu entrada no Pronto-Socorro Infantil, o PSI, no dia 28 de outubro, em coma. Não respondia nada.

Quando ela tava assim, eles costumavam colocar um sorinho de manutenção nela, oxigênio, e verificavam os batimentos cardíacos. Dessa vez, não fizeram nada disso. Só puseram ela numa cama. Seria a mesma coisa se ela tivesse ficado em casa. Os médicos falavam *Esquenta não, mãe, sabe que a Victória* é *assim mesmo, daqui a pouco ela acorda.*

Tava difícil conseguir atendimento. Liguei pra Dra. Gláucia, a advogada. Queria ver se ela conseguia uma ordem judicial pra Victória ser transferida para a UTI, ou para algum hospital que tivesse recursos para que a minha filha fosse tratada. Por volta da meia-noite, a advogada chegou. Eu tava muito nervosa. Ela disse pra mim *Não fica assim que vai acabar sobrando pra Victória. Não briga, Dani, aguenta.*

Pedi pra transferirem a Victória pra um hospital particular aqui na cidade de Taubaté mesmo. Mas os médicos que atendiam negaram, disseram

Se a senhora quiser, precisa levar ela num
carro particular e assinar um termo
de responsabilidade.
Não tem ambulância que pode levar?
Não.

Acabou que ficamos ali. De repente, percebi uma hostilidade no ar. Os enfermeiros tavam me olhando e me tratando diferente. Fui pra enfermaria e a advogada veio atrás. A enfermeira olhou a boquinha da Victória e percebeu que a língua estava com secreção do leite. Depois raspou e limpou com um paninho. Não vi nada de mais nisso. A boquinha fica mesmo suja quando a criança mama, aí a gente pega uma tolhinha ou uma escovinha dentária e limpa. Depois que a enfermeira acabou de raspar a linguinha, a Dra. Gláucia se despediu e foi embora. Eram umas quatro da manhã.

A enfermeira levou a gente pro quarto de novo. Eu tava cansada e com fome. Tava há dias sem dormir direito. Todas as noites, sem exceção, eu acordava pra virar a Victória de lado na cama pra evitar de dar ferida nela. Sentei numa cadeira sem encosto e fiquei debruçada no bercinho da Victória, com uma mão na barriguinha dela. Apoiei a cabeça no outro braço, com uma blusa por cima.

Fechei os olhos. Cochilei.

VAI, MÃE, LEVANTA! TÁ CANSADA?!
TÁ TÃO PREOCUPADA QUE
TÁ ATÉ DORMINDO?!

Era a Dra. Patrícia, que entrou no quarto de jaleco branco, tênis, calça jeans e o rabo de cavalo baixo, gritando no quarto. Eram umas sete e pouco da manhã e ela tinha acabado de pegar o plantão. Tava junto com outra médica, a Dra. Fernanda.

A Dra. Patrícia examinou a Vitória e me fez umas perguntas

Idade?
Um ano e três meses.
Peso?
Onze quilos.

Ela viu que os parâmetros da Victória tavam baixos. Os médicos dizem que tem um tal de grau de Glasgow, que mede a sensibilidade ao estímulo da pessoa, e que vai de zero a quinze. O da Victória era dois. Ou seja, sem estímulo doloroso nenhum. A Dra. Patrícia também viu que a Victória tava com febre e pediu pra Dra. Fernanda dar nove gotas de paracetamol. Antes de sair para atender no consultório, ela ainda falou pra tirar a Victória daquele quartinho, que era mais reservado, e levar pra outro quarto, em frente à enfermaria, ao lado do consultório, onde ficavam as outras crianças.

A Dra. Fernanda foi buscar o remédio e, quando voltou, foi pingar o antitérmico direto na boquinha da Victória. Estranhei. Não era a primeira vez que a Victória ficava desse jeito. E quando ela ficava assim, os médicos davam uma intramuscular ou passavam a medicação no soro ou numa sonda nasal. Ela não conseguia deglutir remédio. Toda vez tinha sido assim. Só que dessa vez tava sendo diferente. Falei pra Dra. Fernanda. Ela não ligou e disse *não tem problema, não, ela vai deglutindo aos poucos*, enquanto pingava o remédio na boca da Victória.

Assim que a Dra. Fernanda se virou, coloquei a Victória no bercinho. Foi aí que ela começou a engasgar. Vi que ela queria tossir, mas não conseguia reagir. E ela não ia conseguir mesmo: tava em coma. Minha filha começou a ficar roxa. Peguei ela no colo e corri com ela pra sala da emergência. Aí entraram as enfermeiras, entraram os médicos, entrou a Dra. Patrícia correndo e pediram pra eu sair.

Fiquei esperando do lado de fora, encostada na parede. Comecei a orar, a pedir pra Deus pra ela ficar bem, que ela já tinha passado por várias fases ruins, e que, mais uma vez, ela ficasse bem. Outras mães vinham, conversavam comigo. Falavam pra eu ficar calma, que ela ia superar, que criança pequena sempre acaba superando rápido.

Foi o Dr. Antônio – um pediatra que atendia a Victória no hospital-escola – que saiu lá de dentro, às oito da manhã, pra dizer que a minha filha tinha tido a primeira parada respiratória.

Mãe, a Victória tá entubada, tá ruim, teve uma parada cardiorrespiratória. Ela não tá respondendo. A gente pediu uma vaga pra ela no hospital-escola. Já tá chegando uma ambulância pra levar.

Na segunda parada, apareceu a polícia e a conselheira tutelar. A conselheira pediu meus documentos. Foi a própria Dra. Patrícia quem me disse que tinha chamado. Falou que não era nada, que era apenas um procedimento legal, caso acontecesse alguma coisa. Dei meu RG pra conselheira e fui ao banheiro, que ficava ao lado da emergência. Ela me seguiu até lá. Fui pegar a bolsa da Victória no quarto e a conselheira foi atrás de mim de novo. Percebi que ela tava me rondando.

Passei pelo consultório onde a Dra. Patrícia tava atendendo e perguntei pra ela o porquê de tudo aquilo. Ela gesticulou com as mãos como quem diz *fazer o quê, né?*

Fui pra porta da emergência com meu celular. Fiquei tentando ligar, tentando ligar, tentando ligar. Queria falar com a avó paterna da Victória. Nada. Queria falar com a advogada. Nada. Até que acabou a bateria.

Fui pro orelhão na frente do hospital. Finalmente consegui falar com a avó da Victória

Alô, Elisa, é a Daniele. Olha, a Victória não tá bem. Pediram pra transferir ela pro hospital. Melhor vocês virem até aqui.

Agora não posso, fia. Tô começando a fazer o almoço.

Desliguei e comecei a ligar pra Dra. Gláucia. Ela não atendia. Voltei pra emergência e fiquei ali. Médico ia e médico voltava. Entraram com uma máquina de raio-x pra ver se o aparelho tava certo, depois saíram. Nesse meio tempo, o meu noivo apareceu. Começou a falar umas coisas do tipo *você está acostumada a ficar sozinha, a se virar sozinha.* Sei lá o que ele tava querendo dizer. Já não tava entendendo mais nada. Eu tava preocupada com a minha filha. Minha vontade era entrar lá com ela. Ele foi embora.

Piiiiiiiiiiiiiiiiiiiiiiiiiiiiiiiiiiiiiiiiiiiiiiiiiiiiiiiiiiiiiiiiiiiiiiiiiiiiiiiiiiiiiiiiiiiiiiiiii
iiiiiiiiiiiiiiiiiiiiiiiiiiiiiiiiiiiiiiiiiiiiiiiiiiiiiiiiiiiiiiiiiiiiiiiiiiiiiiiiiiiiiiiiiiiiiiiiiiiiiiiiiii
iiiiiiiiiiiiiiiiiiiiiiiiiiiiiiiiiiiiiiiiiiiiiiiiiiiiiiiiiiiiiiiiiiiiiiiiiiiiiiiiiiiiiiiiiiiiiiiiiiiiiiiiiii
iiiiiiiiiiiiiiiiiiiiiiiiiiiiiiiiiiiiiiiiiiiiiiiiiiiiiiiiiiiiiiiiiiiiiiiiiiiiiiiiiiiiiiiiiiiiiiiiiiiiiiiiiii
iiiiiiiiiiiiiiiiiiiiiiiiiiiiiiiiiiiiiiiiiii.

Eram 10h40 da manhã quando eu ouvi o barulho da máquina lá dentro.

A Victória teve a terceira parada respiratória. Foi quando ela não aguentou. Nessa hora, a Dra. Patrícia saiu pela porta, pegou meu braço, me puxou pra emergência, me empurrou e disse

Olha o que você fez! Tá feliz?!
Era isso que você queria?
Você matou sua filha
com overdose de
cocaína!

A Victória tava paradinha na cama, com o tubo na boca, sem a camisetinha, só de calça e meinha. Me deu um gelo. Parecia que abria o chão e eu ia caindo. Coloquei um cobertor no rosto pra não ver. Eu não conseguia acreditar. Pra mim, era tudo mentira. O Dr. Antônio e a outra médica, que gostavam muito dela, tavam chorando. Tinha duas enfermeiras que também tavam. Queria beijar, abraçar a minha filha. Fui dar um passo pra chegar perto, mas não deixaram. Me seguraram. A polícia entrou na sala e me deu voz de prisão

Você tá presa em flagrante
por ter matado a sua filha.

11.

Naquele domingo tinha a votação do segundo turno da eleição pra presidente. Lula e Alckmin eram os candidatos. Pela lei, ninguém pode ser preso durante o pleito, só se tiver flagrante. Não teve flagrante nenhum.

Mesmo assim eles tavam me levando pra delegacia da Avenida J.K. Falaram pra conselheira tutelar *A senhora pode acompanhar a gente?* Ela me olhou com nojo e disse *Tá bom, eu vou, mas não quero ir sentada do lado dessa daí não.*

Chegando lá, tinha uma delegada de plantão. Depois chegou o delegado Mário Sérgio Antunes, que eu já conhecia porque era o mesmo que tava cuidando do caso do estupro. Vi que tava sendo presa e não me importava. Só me importava se a Victória tava bem. Tentei falar que a Victória sofreu uma parada cardíaca logo depois que deram remédio na boca dela, que eles não costumavam fazer assim, que tava errado. Ninguém deu atenção.

O delegado disse *Fala pra gente o que você fez com sua filha, fala. A gente já abriu o corpo dela e viu que tava cheio de cocaína lá.* Fiquei imaginando o corpo da minha filha aberto, da garganta até a pererequinha, cheio de cocaína dentro. Eu não conseguia acreditar, sabia que não havia feito isso. Eu perguntava, confusa e desesperada *mas quem fez isso? Mas quem fez isso?* Eu não era a melhor mãe do mundo, mas me esforçava pra ser uma boa mãe. Cuidava dos meus filhos, levava eles pra passear. Ficava com a Victória 24 horas por dia. Eu era jovem e larguei minha vida pra cuidar dela. Fazia tudo por ela e faria tudo de novo.

Eu nunca teria sido capaz de uma coisa dessas.

Pedi pra falar com a Dra. Gláucia, a advogada, mas falaram que não a conheciam. E ninguém da minha família conseguia achar a mulher. Ligavam pra ela e nada. Foram até a porta da casa dela. Nada.

Fiquei algemada numa cadeira. Meu cabelo tava pegando no meu rosto, incomodando muito. Precisava amarrar a franja com o elástico no meu pulso, mas por causa da algema eu não conseguia. Pedi pra eles *Posso amarrar meu cabelo?* Não deixaram.

Enquanto fiquei na delegacia, fizeram uma busca na casa da minha mãe e apreenderam a mamadeira da Victória. Disseram que encontraram um pó branco na boca e na mamadeira dela e queriam encontrar indícios. Eu costumava misturar o remédio da Vitória no leite. Assim era mais fácil ela tomar. Depois fizeram um exame preliminar chamado *blue test*, à base de reagentes químicos. O resultado saiu na hora. Disseram que tinham detectado cocaína.

Fui colocada numa cela no andar de cima. Chegou o outro delegado, o José Carlos Matos, atualmente já falecido.

Me chamaram pra dar o depoimento. Eu não sabia o que tava acontecendo. Só pensava na minha filha, que tinha ficado no hospital. Passei pela escada e vi que tava cheio de repórter ali.

Foram os próprios delegados que chamaram os jornalistas. Tive o impulso de jogar meu cabelo pra frente e puxei a blusa pra esconder o rosto dos fotógrafos. É a foto que tá na internet: eu passando com o rosto coberto. Eu sabia que não tinha feito nada, meu medo era que o André e a Victória me vissem ali. Depois que você destrói a imagem da pessoa, é muito dificil pra reconstruir novamente. A Rede Bandeirantes tava fazendo a cobertura das eleições naquele domingo e ele entrou dando o furo da notícia. Quem me deu esse apelido de "O Monstro da Mamadeira" foi o Datena.

Eu chorava muito. O delegado José Carlos me disse *Você acredita em alguma coisa? Então reza.*

Enquanto esse delegado ia rezando uma Ave-Maria comigo, eu chorava. E o outro delegado – da necrópsia da Victória – ia falando no meu ouvido, cantando uma confissão, enquanto um cara ia digitando. No final, o delegado me pediu pra assinar. Não tinha ninguém para me ajudar. Era uma confissão de que eu tinha matado a minha filha. Assinei, sem saber o que tava acontecendo, chorando.

12.

Minutos antes de me levarem pra Cadeia Pública de Pindamonhangaba, quando o céu já tava escuro, a Dra. Gláucia apareceu na delegacia, cumprimentando todo mundo. Achei estranho. Tinham falado que não conheciam ela. Ela perguntou pro delegado *vocês não vão fazer exame de corpo de delito nela?* Ele respondeu *vou levar ela pro pronto-socorro para ver se ela tá drogada ou bêbada. Pode ficar aí com a sua cliente.*

Estávamos ainda na sala de depoimento, quando a Dra. Gláucia me perguntou

Você não tem nada pra me contar, Daniele?
Eu sou sua advogada, pra mim
você pode falar.

Eu tava muito estressada e confusa.

Vai lá pra mim ver se é verdade que a
Victória morreu, Dra. Gláucia,
ver se vai ter velório mesmo.

Ela disse

Vou ver o que eu posso fazer. Agora você
vai fazer o exame de sangue.
Não foi você, mesmo?

Ela não ficou quinze minutos na delegacia. Explicou que tinha passado o dia na roça dos pais e por isso ninguém conseguia falar com ela. Só quando foi de noite uma jornalista de uma rádio local tinha entrado em contato com ela e contado tudo.

Contei pra Dra. Gláucia que o delegado, o Dr. José Carlos, disse que não conhecia ela.

Ele não me conhece? Claro que me conhece!
Ele é meu tio, irmão do meu pai! Tem
um cartão meu na mesa dele.

Quando eu saí da sala de depoimento, encontrei meu noivo no corredor. Ele tava com um ar estranho. A advogada foi embora e o delegado não deixou ele falar comigo. Pediu pra eu tirar a aliança, o brinco e a correntinha. Entreguei tudo pro Fabiano, que foi embora sem falar nada.

13.

Me jogaram algemada no camburão de uma Blazer. Jogaram também uma garrafa de Coca-Cola 600 ml e um pacote de biscoito de polvilho que a tia-avó da Victória, a Tereza, e a irmã dela, a Leila, compraram pra mim no posto de gasolina do lado da delegacia. Eu tava sem comer o dia inteiro. Mesmo assim não entrava nada. Bateram a porta e o carro saiu. Quando ando de ônibus, sentada, olhando pra trás, me dá uma sensação ruim, um mal-estar. O carro ia indo pela Via Dutra e eu vendo a estrada, a cidade ficando pra trás, e eu nervosa com toda aquela situação. Foi me dando um enjoo, uma tontura. Deixei o refrigerante e o biscoito inteirinhos ali, nem toquei. Quando desci, falei pros policiais *Se vocês quiserem, podem comer*.

Antes de ir pra cadeia, eu tive que passar no pronto-socorro pra fazer o exame de sangue. Eu não queria entrar lá. Resisti. Me arrastaram pra dentro e colheram a amostra de sangue.

14.

Cheguei bem de noite em Pinda, com uma dor de cabeça enorme. Me levaram direto pra sala da carcereira. Falaram *Essa é a mãe que matou a filha*. Fiquei quieta. A carcereira pediu pra eu tirar o cinto e tirar toda a roupa. Obedeci. Fizeram outra revista. Agachei três vezes, pus a roupa de novo e a carcereira disse

Eu vou colocar você numa cela mais tranquila.
Mesmo assim não fala por que você tá aqui.
Fala qualquer coisa, que é por roubo
ou tráfico. Fala que foi isso, mas
não fala por que você tá aqui.

Me levaram pelo corredor. Tinha que passar por uma grade, onde ficava encostado um policial. Quando eu passei, ele falou pra mim

Boa noite e boa sorte.

A carcereira abriu a cela e eu entrei. Era feia, suja, fedida. Tinha beliches de alvenaria de três andares. Alguns tinham um lençol tapando. Outros não. Também tinha um monte de colchões no chão. E um monte de gente. Eram 19 detentas. Não tinha espaço nem pra andar ali dentro. Sentei perto da grade, encostada na parede.

Veio uma moça e me perguntou *Por que você tá aqui?* Falei *Eu não sei direito, acho que é tráfico.* Eu tava bem confusa e com medo. Tinha sido estuprada, minha filha tava doente, havia pressão do hospital na minha cabeça, não dormia direito, tinha passado a noite no pronto-socorro, o dia na delegacia entre as grades de um quadrado pequeno, tava a quase 24 horas sem comer, sem dormir, sem poder falar com meus pais, com policiais me cutucando. Eu não falava coisa com coisa, só queria saber da minha filha, o que tinha acontecido com a Victória. Eu tinha certeza que não tinha feito nada. Não sabia se a Victória tinha morrido. Não pude chegar perto da caminha pra ver e pegar ela. Se ela tivesse morrido, se fosse isso que tinha acontecido, eu queria morrer junto. Mas se ela não tivesse morrido, eu queria ficar bem pra poder cuidar dela.

A moça disse *Vai lá e toma um banho. Só que a água é gelada. Tem que ser rápido por causa do horário.* E me deu um shorts, uma camiseta e uma calcinha.

Tava beirando meia-noite. Tinha noção por causa da televisão ligada na Globo. Tava passando aquele programa de humor que tinha depois do *Fantástico*, *Sob Nova Direção*, com Heloísa Périssé e Ingrid Guimarães. Eu me enxuguei, vesti a roupa emprestada e fiquei sentada naquele mesmo lugar que eu tava, em cima da minha roupa dobrada, encostada na parede, perto da grade. Começava a querer cochilar, com o som da tevê ao fundo.

Cochilei.

◊

Ainda era escuro quando comecei a escutar um barulho de celular e ver o brilho azul das telas acendendo. Percebi que tavam passando bilhetinhos entre as celas por um barbante, tipo daqueles de pipa. É um sistema de informação que elas usam. Era o noticiário que tava passando na televisão ligada. Não apareceu meu rosto, mas apareceu o momento da prisão. *Essa é a moça que matou a filha*, ouvi. Chegaram em mim

Foi você que matou sua filha, sua louca?

Falei que não sabia o que tinha acontecido, que disseram que minha filha tinha morrido. A moça que me emprestou a roupa falou *Levanta e mostra a roupa que você tava*. Levantei e peguei as peças no chão. Mostrei a camisa polo salmão, a calça jeans e o tênis.

É você mesmo. Põe a sua roupa
que aqui a gente não empresta
nada pra assassina.

Todas as moças ficaram em volta de mim. Eu não tinha como reagir. Eu nem tinha forças. Não tinha mais voz. Eu me despi e me troquei ali, na frente delas.

Gostei do seu tênis. Dá pra mim
esse tênis. O tênis cê já
perdeu, já perdeu!

Era um tênis mais ou menos novo, marrom com vermelho, sem cadarço, gostosinho, da Kolosh. Eu gostava dele. Uma delas pegou. Depois mandaram eu ajoelhar. Aí começou o espancamento.

A moça que tinha me emprestado a roupa foi a primeira que me bateu.

Depois vinha uma e batia.

Vinha outra e batia.

Uma por uma.

Depois juntaram todas, batendo juntas, de uma vez.

Eram dezenove detentas.

Elas davam murros e chutes.

Em qualquer lugar do corpo que elas conseguissem acertar: cabeça, rosto, peito, barriga.

Eu não conseguia mais enxergar. A dor ia me carregando pra longe, pra fora do meu corpo. Só ouvia ao fundo as coisas que elas falavam.

Vou pegar a caneta e bater
no ouvido dela com o chinelo!
Não faz isso que vai dar B.O.!

Com a sola de um chinelo, martelaram toda uma caneta bic no meu ouvido.

A caneta quebrou dentro de mim.

Eu sentia o sangue escorrendo quente pela minha orelha. Com o outro ouvido, escutava a gritaria das presas nas outras celas, fora de si, querendo morte.

Tentei falar que não tinha feito nada. Ninguém ouvia. Não queriam saber.

Pensava no André, pensava na Victória. Onde eles tavam? Como eu ia cuidar deles?

De repente, parecia que já não era mais eu.

Eu não sentia mais nada.

Fui saindo do meu corpo.

Fui desfalescendo.

Desmaiei.

◊

Acordei quando o dia começou a clarear. Calculo que eram umas quatro e meia da manhã. Tava mais inconsciente do que consciente. Consegui ver o vulto que parecia ser da carcereira – que era o pouco que eu conseguia ver – e que entrou quando teve a troca de plantão. Quando ela me viu, disse

Meu Deus, o que vocês fizeram aí?

Puxaram meu corpo e me retiraram da cela. Senti que tavam me colocando numa maca. Aí eu já não lembro mais.

15.

A Cristina Cristiano era repórter do jornal *O Diário de S. Paulo* e veio pra Taubaté cobrir o meu caso. Ela tava lá na delegacia no domingo que fui presa e soltou uma das primeiras matérias que arrebentaram comigo, com base nas informações que o delegado tinha passado: que tinham achado um pó branco (cocaína) na boca e na mamadeira da minha filha, que eu era um monstro...

A notícia da cocaína na mamadeira saiu em tudo que é lugar. Em jornal escrito e em jornal falado, nas rádios, na internet, em todos os programas de TV. Saiu na capa do *New York Times*, saiu em Portugal, saiu na Espanha. Até uma colega minha que tava no Japão viu a manchete

"MÃE MATA COVARDEMENTE A FILHA COM OVERDOSE DE COCAÍNA".

Na noite de segunda-feira, a apresentadora Hebe Camargo também falou de mim no programa dela:

> *Sabe, gente, tem um monstro lá na*
> *minha cidade, Taubaté. Um*
> *Monstro da Mamadeira!*

Na terça-feira, a Cristina Cristiano foi atrás dos meus pais pra conhecer onde a gente morava. Chegando na casa da minha mãe, ela viu que era tudo simples, mas que tinha todo um cuidado com as crianças: a tiarinha combinava com a chupeta; as roupas tavam todas dobradinhas. Tudo como a gente sempre costumava fazer mesmo. Não é porque a gente é pobre que tem que ser desmazelado e porco. Ela achou estranho isso. Como uma mãe que é acusada de matar a filha com cocaína tem tanto carinho e zelo pelas crianças?

Foi aí que começaram a se perguntar da minha inocência.

16.

Quando acordei vi a cortina branca do meu lado. Eu tava num quarto da Santa Casa de Misericórdia de Pindamonhangaba. Sozinha. Vi que tava com aqueles eletrodos no coração, no dedo, com o soro e com o tubo na boca. E, no pulso, as algemas. Lembrei de tudo o que tinha acontecido e fiquei deseperada. Queria levantar e fugir. Eu não conseguia me mover de dor.

Eu tava enxergando muito mal por causa da surra. Ouvia a porta abrindo e fechando. Era a enfermeira que vinha e conversava com uma pessoa. Era o carcereiro que tava tomando conta de mim. Ela falava com ele, como se eu não existisse, *como pode uma moça dessas fazer isso com a filha? É um absurdo. Um bicho desse tem que morrer*.

Mas eu não morri. Só que foi por pouco. Fraturaram o meu maxilar, minha escápula e minha clavícula. Tive também traumatismo intracraniano e rompimento do nervo ótico e do ouvido.

Não sei dizer se fiquei ali três ou cinco dias. Eu não lembro muito – eu tava em coma. Sei que foi pouquíssimo tempo. Quando comecei a sair do coma, me mandaram pra Cadeia Pública Feminina de Caçapava. O que eu precisava era de uma vaga na UTI. Só que não tinha vaga pra mim em nenhum hospital da região.

Reconheci a voz de um médico, o Dr. Paulo Henrique, um pediatra com quem trabalhei no prontoatendimento de Tremembé. Ele foi bem ríspido comigo e disse *Daniele, o que você fez é uma coisa horrível, a melhor coisa que você tem pra fazer é pegar sua alta e sair daqui hoje.*

Eu não respondi. Não conseguia falar, não tinha força pra me defender. Não dava pra lutar sozinha e naquele estado contra um monte de gente.

Chamaram a ambulância pra me levar pra cadeia. A carcereira que me acompanhava falou *Isso é bobeira, dá pra colocar ela no camburão e levar*. Só que o médico dizia

Ela tá com pressão no cérebro. Tá com coágulo.
A gente tirou ela daqui porque aqui a gente
não tem recurso. Não tem como colocar
ela sentada no camburão. Ela tem
que ir deitada. Ela precisava
ir pra UTI, mas como não
tem vaga pra ela, é o que
a gente pode fazer.

No dia 3 de novembro me colocaram na ambulância e me levaram pra Caçapava.

do G1, em São Paulo, com Diário de S. Paulo

Mãe suspeita de matar bebê com cocaína será transferida para UTI

01/11/2006 • 09h57m • Atualizado em 06/12/2006 • 13h27m

Daniele Toledo do Prado, a dona de casa suspeita de matar a filha de 1 ano e 3 meses, com overdose de cocaína, em Taubaté (a 130 km de São Paulo), no Vale do Paraíba, está em estado de pré-coma, e será transferida para a Unidade de Terapia Intensiva (UTI) da Santa Casa de Pindamonhangaba, onde está internada.

Ela foi presa domingo, horas após a criança ter sofrido parada cardiorrespiratória, e levada à cadeia pública de Pindamonhangaba. Na segunda feira, quando as demais detentas souberam do crime, a agrediram. Daniele teve fratura do maxilar, hematomas no rosto e lesões na cabeça.

Médicos da Santa Casa informaram à advogada que sua cliente se encontra em estado de pré--coma, aguardando vaga para ser transferida à UTI. O hospital não quis divulgar boletim médico. A droga teria sido misturada ao leite da mamadeira da criança.

"Os pais da Daniele estão desesperados. Fui ao hospital nesta segunda, mas não quiseram me informar nada sobre o estado dela, nem me deixaram vê-la", disse a advogada. diz que vai informar a juíza-corregedora de Taubaté de que o acesso à sua cliente está sendo cerceado e pedir autorização para se encontrar com ela.

"Nunca vi uma advogada ser impedida de ter acesso ao cliente. Isso é uma garantia da Constituição", protesta , que levantou a hipótese de sua cliente estar sendo vítima de uma armação. "A morte dela apagaria os dois processos e, assim, ninguém precisaria investigar mais nada", diz.

(...)

Fonte: <http://g1.globo.com/Noticias/SaoPaulo/0,,AA1334379-5605,00-MAE+SUSPEITA+DE+MATAR+BEBE+COM+COCAINA+SERA+TRANSFERIDA+PARA+UTI.html>.

17.

Eu não conseguia nem andar. Me levaram de maca até a cela. Em Caçapava tinha beliches de alvenaria iguais aos de Pinda, só que de dois andares. Também não tinha tanta gente na cela, só duas moças de trinta e poucos anos e uma senhora, já bem de idade, acusada de estelionato. Uma das moças era a Lúcia. Tinha sido acusada de matar, queimar e esquartejar o corpo de um americano pra ficar com o dinheiro dele. Quando ela me viu entrando, falou pro delegado

Como é que vocês vão deixar essa moça aqui?
Se ela morrer, vai dar problema pra gente.

E o delegado

Cala a boca que você não manda aqui!

A outra moça era a Miriam, uma japonesa que tava ali sendo acusada de matar o marido, promotor em São José dos Campos. Ela disse pra eles

Pode colocar ela aqui na
minha cama mesmo...

Eles me colocaram deitada lá e foram embora. Lúcia me perguntou

O que aconteceu com você?
Você é aquela moça, né?

Confirmei.

Pode ficar despreocupada que aqui a gente
não vai fazer nada com você. A gente
também tá aqui no "seguro".

"Seguro" era como elas chamavam aquela cela isolada, protegida das outras presas. Lúcia chamou outro carcereiro

Eu preciso limpar essa moça. Ela não pode
ficar assim do jeito que ela tá. Ela tá toda
machucada, olha aqui. Preciso que você
compre água oxigenada, soro
e um remédio pra dor.

Ele trouxe tudo o que ela pediu.

No dia seguinte, eu sentia meu ouvido escorrendo. Vazava, vazava, vazava. Eu botava a mão no ouvido, botava a mão na boca e sentia gosto de sangue. A Lúcia falou

Deixa eu ver o que tem no seu ouvido...
Nossa, tem uns negócios aqui...

Ela pegou uma pinça e começou a tirar os pedacinhos de acrílico. Era a carga da caneta bic que ainda tava lá.

◊

Eu passava a maior parte do tempo dormindo. Acordava com uma dor muscular terrível na nuca, no corpo todo. A cabeça pesada, a língua dormente, a boca toda machucada. As meninas me contaram que eu tinha crises de convulsão quando dormia. Não sei como a Lúcia conseguiu uma receita controlada e pediu pro carcereiro comprar um rivotril pra mim. Eu nem sei se ela tava dando a dose certa do remédio. Ela dizia *Toma aí e dorme sossegada*, e eu ia tomando. Ficar acordada era muito difícil. Eu só chorava. Era mais fácil ficar dormindo.

O chuveiro dessa cela era quente. Elas tinham puxado um gato da sala da carcereira e tinha um fio que ia pro chuveiro. Pra usar o banheiro, o vaso era num buraco. Em compensação, ali tudo era bem limpinho. Tinha uma televisão, um DVD e um rabo quente pra ligar na tomada e esquentar comida. Elas compravam água e me orientavam a não comer a comida de lá. Pediram pro carcereiro comprar miojo pra eu comer. Tinha que ser uma coisa bem líquida, fácil de mastigar, porque eu tava com o maxilar fraturado.

Eu cheguei em choque e a Lúcia me adotou. Ela me dava banho, me dava remédio, me levantava e me segurava pra vomitar e pra fazer xixi. E dizia que eu era a filhinha dela. Um dia ela disse *Você é branquinha com duas bolas pretas em volta do olho. Parece um ursinho panda*. E elas começaram a me chamar assim, de Panda. Virou meu apelido na cela.

Enquanto isso, minha família não conseguia me ver e nem conseguia notícia. Desesperados, eles chamaram a televisão local, que é a TV Vanguarda, afiliada da Globo, pra dizer que gostariam de saber o que tava acontecendo comigo. Que, por mais que eu fosse culpada – e eles acreditavam que eu não era –, uma pessoa não podia ser tratada daquele jeito, que tinha os seus direitos. A mídia começou a pressionar e eu voltei a ser assunto nacional.

No dia 7 de novembro de 2006, o delegado que tinha me prendido, o José Carlos Matos, da DIG (Delegacia de Investigações Gerais), entrou na cela falando pra eu arrumar minhas coisas que eu ia ser transferida para a Penitenciária de Tremembé. Segundo as palavras dele, ficaram sabendo que as meninas do convívio de Caçapava, que ficam todas juntas, iam virar a cadeia pra me pegar. Iam fazer uma rebelião. Como eu já tinha sofrido o espancamento, eles não podiam correr o risco de isso acontecer de novo. Ia pegar mal e a imprensa tava em cima.

Eu levantei. Tava de bermuda, camiseta e chinelo. Me algemaram e depois me cobriram com um lençol branco encardido, pras outras meninas não me verem. Pra sair, eu tinha que passar pela grade do convívio.

A Lúcia não queria deixar eles me levarem. Falou que tavam me arrancando dela e disse pra mim

Panda, eu vou rezar por sua vida. Em Tremembé
a gente não pode fazer nada por você. Lá é uma
penitenciária, fica tudo mais difícil, e você
fica registrada mesmo no sistema.

Saí coberta pelo lençol, tremendo de medo.

18.

Entrei no camburão da Blazer de novo. Jogaram as minhas coisas e fecharam a porta do carro. Pegaram a Via Dutra, fizeram o retorno e entraram na Estrada Velha de Tremembé, que é uma cidade colada.

Depois de uns dez, quinze minutos, já encostaram na penitenciária. Abriram um portão enorme que dava pra uma área verde bem grande. O chão era de terra por todo o caminho até o estacionamento onde o carro parou. Falam que antes esse presídio era um convento de freiras. Como faltavam vagas para as detentas, o prédio antigo foi adaptado.

Ali era uma parte dos fundos, com uma entrada toda de grades, a céu aberto. Parecia uma gaiola feita com aquela cerca de galinheiro. Só que mais reforçada. Me entregaram pra carcereira. Ela falou pro delegado tirar minha algema. Ele disse *cuidado com essa daí, ela é perigosa*. Ela respondeu *fica tranquilo que aqui não tem problema, não*.

Ali era a enfermaria. Ficava separada do convívio. Mandaram eu ir andando pelo pavilhão. Eu não tava enxergando com a vista direita e, com a vista esquerda machucada, só via vultos e claridade. Não dava pra definir nada direito. Bati a cabeça na parede.

Só ali que eles perceberam que eu tava parcialmente cega.

◊

Cheguei num ambulatório médico. Acho que atendiam as meninas ali, faziam exame ginecológico, essas coisas. Pediram pra eu tirar toda a minha roupa e me vestiram com aquela camisola que fica aberta atrás, sem calcinha, sem nada. Revistaram todas as minhas coisas. Falaram que eu não poderia entrar com as mesmas roupas. Perguntaram se eu tinha alguma marca ou tatuagem no corpo, escolaridade, onde eu morava, profissão. Se era casada, se tinha algum relacionamento. Iam riscando tudo no papel pra colocar na ficha. Depois me levaram por um corredor extenso, com vários quartos.

Eu não tinha noção de onde eu tava porque não enxergava direito. Nessa hora, tive a impressão de que a minha cela era o último quarto, de frente. Só depois que saí é que vi que eu tava no quarto do lado direito.

Entrei nele com as poucas coisas que pude levar. Coisas que a minha mãe tinha mandado pra Caçapava: calcinha, sutiã, desodorante (só era permitido roll-on), absorvente, pasta de dente, escova e sabonete. Essas coisas de uso pessoal. Não podia gilete, não podia pinça, alicate, tesoura, kit de unha, nada que tivesse ponta. Eu usava lixa pra não deixar a unha grande. Larguei as coisas num canto e me joguei na cama, de bruços. Comecei a chorar. Chorei tanto que acabei dormindo daquele jeito, com a luz acesa.

Acordei no outro dia com uma sensação ruim. Continuava saindo sangue do meu ouvido. Até hoje não descobri se era por causa da caneta ou do traumatismo. Eu também não tava reconhecendo o local direito. Dentro da cela, tinha um piso antigo, decorado. A cama era de ferro, chumbada no chão. Tinha uma janelinha bem pequena, um vitrozinho – o único lugar por onde entrava claridade. Também tinha um banheiro bem pequeno, com um chuveiro daqueles grandões, de metal. A porta da cela era cinza, de madeira, com uma janelinha de um pouco mais de um palmo. Só abria por fora, pra passar alimentação e remédio. Vi que tinham deixado comida pra mim à noite.

◊

A carcereira me chamou. Levantei e peguei o café da manhã: pão com manteiga e café com leite. Lembrei das meninas de Caçapava que falavam *não come nada, não bebe nada*. Ainda que não tivessem falado, eu tinha medo de comer. Medo da comida estar envenenada. Pra completar, eu também não tomo café, nem café com leite. Isso acabou ajudando de eu não comer mesmo.

Deixei tudo ali. E quando vinha a outra alimentação, eu devolvia também. Não aguentava o cheiro do arroz parbolizado. Eu não comia nada.

Valdete, a carcereira da noite, percebeu e me ameaçou

Deixa eu desconfiar que você não
tá comendo. Você vai ver só.

Comecei a tremer inteirinha. Pensava que alguma coisa ia acontecer. Passei a jogar a comida fora: o pão eu amassava, abria o chuveiro e deixava a água escorrer pra esfarelar. Aí esse farelo eu jogava na pia ou no vaso e dava descarga. Ficava rezando pra não entupir.

Toledo, remédio!

Era a outra carcereira. Uma regra da penitenciária era que as carcereiras não podiam entrar na cela. Ela abriu a janelinha e disse

Deixa eu ver seu rosto pra ver quem é.

Várias vezes abriram a janelinha da minha cela só pra ver minha cara. Carcereiras de outro setor chegavam e diziam *viemos conhecer o monstro da mamadeira.* Como eu ficava com raiva. Chorava muito.

◊

Me tratavam pior do que bicho – aliás, nem bicho eles tratam do jeito que eu fui tratada. Era uma hostilidade muito grande. Pelo menos ali eu não corria o risco de ser espancada de novo.

O chuveiro ou era muito frio, ou muito quente, assim de queimar a pele. Não tinha opção. Saía pouquíssima água. A torneira era antiga, enferrujada. Saía uma água amarronzada. Perguntei pra uma carcereira da noite *não tem água pra beber?*

Tem sim, ó, abre ali a torneira.
Ali que tem água.

Pensei *nossa, não vou tomar essa* água.

Fiquei vários dias sem beber. Eu não conseguia beber da torneira, ficava com nojo daquela ferrugem. Até que, já tinha uma semana mais ou menos, uma noite, eu sonhei que tava tomando água gostoso, em abundância. Até que foi um sonho bom. Acordei e fui correndo pra pia. Foi quando eu comecei a tomar água com ferrugem mesmo.

19.

Eu chorava muito, o tempo todo, e dormia sempre, de tanto chorar. Acordava e continuava chorando. Tudo em repetição, era muito ruim. E continuava sem comer. Tinha muito medo.

Pensava muito na Victória. Minha filha estava doente, mas quem está doente sempre pode se recuperar. Victória estava se desenvolvendo bem.

Victória nem tinha saído do peito. Eu ainda enchia de leite. O peito endurecia até que vazava. Começou a inflamar, ardia. Demorou pra secar. Pensava *será que onde ela está agora tem leite pra ela mamar?*

Comecei a passar muito mal à noite. Eu tinha muita dor de cabeça e febre. Até que um dia, a carcereira, violando as normas da penitenciária, entrou. Dona Valdete era baixinha, tinha um bigodinho e um cabelo preto, de óculos. Ela veio assim pra mim

Por que você chora tanto?

Eu não respondia.

Olha, se você for inocente como você diz que é, você vai sair. Não sei se você acredita em Nossa Senhora, não sei se você acredita em alguma coisa, mas reza. Você ficar desse jeito não vai dar certo.

Dona Valdete percebeu alguma coisa em mim que ninguém até ali tinha percebido. Ela foi a única que veio conversar comigo. Viu que eu não tava bem e chamou o médico. O doutor veio e fez uma avaliaçãozinha. Minha pressão tava muito baixa. Passou remédio pra convulsão e pra dor de cabeça. Também pediu exame de sangue pra mim. Eu tava bem apática, debilitada mesmo. Não esboçava nenhuma reação. Era um quadro muito grande de depressão.

A cela não era suja nem mofada. E o tratamento era melhor do que nos outros lugares onde eu tinha passado. Mesmo com toda a hostilidade. Vinha a alimentação toda certinha. De manhã vinha o café da manhã, depois vinha o lanche, depois o almoço, depois vinha o outro lanche, e o jantar. Só que eu não comia nada mesmo. Eu esperava a carcereira trazer a alimentação pra falar que tava com dor. Na refeição, a carcereira gritava

Toledo, remédio!

20.

Passei uns bons dias ali até que recebi a primeira visita da minha mãe, no dia 12 de novembro. Antes de sair do quarto, a gente passa por uma revista completa. Tem que tirar a roupa, agachar e levantar três vezes. Eles olham até o cabelo. Depois algemam. Também tinha todo um aparato pra poder me tirar da cela e me levar até a Administração, que é um lugar separado. Ninguém, nenhuma menina da penitenciária, podia me ver.

Nessa parte administrativa ficava a diretora do presídio. Era um lugar bonito, tinha uma mesona grande, de madeira – até o cheiro ali era diferente. E tinha água. Foi a primeira vez que bebi água sem ser daquela torneira.

Minha mãe veio com o meu pai e o André. Quando eles chegaram, desabei no choro. Meu olho tinha um hematoma muito feio e grande. A bolinha nem aparecia mais. Minha mãe logo percebeu que eu não tava enxergando direito. Ela ficou bem mexida, mas tentou disfarçar. Acabei percebendo de todo jeito.

O meu pai só chorava. Tava indignado, arrasado. Eu era a filhinha, a menininha dele. Pedi pra minha mãe não deixar mais ele me encontrar na prisão.

O André perguntou pra mim

O que você tem, mamãe?

Minha mãe falou pra ele que eu tava machucada e tava no hospital. Era pra ele não entender direito. Ela tentou preservar o André o máximo possível. E ele, como sempre, não parou quieto um minuto. Era um bom sinal: ele não tava entendendo nada do que tava acontecendo ali.

A primeira coisa que perguntei pra minha mãe foi como é que tava a Victória. Se era verdade mesmo que ela tinha morrido. Porque meu peito ainda enchia de leite.

Mãe, eu ainda tenho leite, será que não tem
como levar pra Victória?
Filha, a Victória não tá mais com a gente,
ela morreu...
Não, é mentira, mãe, a Victória não
morreu, não...

Pra mim, até aquele momento, os médicos ainda tinham conseguido de algum modo manobrar e ela tava viva. Então perguntei tudo. Eu precisava de todos os detalhes pra colocar na minha cabeça que a Victória tinha falecido. *Que roupinha ela estava no caixão?* Minha mãe não queria dizer. Eu insisti. *Fala, mãe, eu preciso saber.* Aí me contou do velório, do enterro, da missa. Que a Victória foi velada no velório municipal de Tremembé. Que parecia que tava dormindo, nem parecia que tinha morrido. Que chegou certa hora eles precisaram trocar a roupinha dela porque começou a vazar sangue por causa da necrópsia. Que o avô dela chorou muito o tempo todo e ficava perto do caixãozinho, chamando ela com a mão, pra ir no colo dele, que era como a gente fazia com ela. Foi muito triste. Ela foi enterrada na parte da família do pai dela, e já tinha sido a missa de sétimo dia. O padre até falou que não tinha necessidade de missa por ser criança, mas a avó paterna quis porque quis fazer, daí fizeram. Tinha muita gente também. Gente que ela nem sabia quem era. Muitos eram só curiosos.

Eles enterraram a Victória às dez horas da manhã. Quando foi umas onze, minha mãe já tinha que ir direto pra delegacia prestar depoimento. Foi aí que ela ficou sabendo do espancamento – pelos jornalistas. Foi tratada com muita hostilidade na delegacia e tentou quebrar tudo. Ela queria bater no delegado. A advogada dizia pra ela *Dona Leila, para com isso.* E ela respondia *você fica quieta que eu vou bater nesse homem!*

Logo acabou a visita, que foi só por uma hora. Eu não podia ficar muito tempo. Pra minha própria segurança, disseram.

A visita deles me fez bem. Minha mãe levou comida pra mim. Arroz, macarrão e bife. Levei tudo pro quarto, pra comer melhor. Também tinha uma garrafa de refrigerante pra ficar comigo e um pacote grande de bolachas água e sal. Também tinha suco de pozinho, tipo Tang, de maracujá e abacaxi. O de maracujá era pra acalmar; o de abacaxi era só pra variar o gosto mesmo. Eu misturava com a água da torneira pra disfarçar a ferrugem. Era a única forma de tomar água. Apesar de tudo o que me contaram, eu continuava com esperanças de que a Victória estivesse viva. A ficha não caía.

◊

No outro domingo, minha mãe voltou com o André e o meu noivo.

O Fabiano frequentava a igreja na época e me levou uma Bíblia. Só que ele tava bem distante, achei muito estranho. Acho que ele não tava acreditando na história em si, porque eu não falei pra ele do estupro. Uma que eu não tinha nem tempo pra pensar nisso; outra que eu tava na correria com a Victória. Ele ficou sabendo de tudo pela boca dos jornalistas, na porta da delegacia. Isso atrapalhou bastante.

Quando acabou a visita, eu voltei pra cela e escrevi uma carta pra ele, cogitando a hipótese da gente terminar. Escrevi pra ele: ou você muda sua atitude ou não dá mais. Eu tenho o direito de não querer ficar com uma pessoa que não acredita em mim.

~~[illegible]~~, Domingo

~~Tudo bem por aí? comigo não está nada bem.~~

Hoje estou bem, a visita de meus pais me fizeram bem, o ■■■ como sempre não parou um minuto, isso significa que ele esta bem e não esta percebendo nada ainda.

A lembraça da Victória vem em todos os momentos. as vezes não me conformo, as vezes fico só lembrando dela. neste momento por exemplo estou chorando só de falar dela, se lembro então de alguma música que eu cantava pra ela, ah pode ter certeza eu ~~desmorono~~ desmonto a chorar.

Não posso ouvir o nome Victória, ao mesmo tempo me faz bem e mal. Eu e ela eramos como se fossemos uma só; fico pensando quando chegar em casa e ver as coisas dela, não sei qual vai ser a minha reação, se vou querer guardar ou dar tudo.

O meu mundo caiu a minha magrelinha (era como eu chamava ela) preveriu ir lá morar com Deus, e me deixou aqui sofrendo morrendo de saudades dela ou até mesmo querendo ir lá com ela. mas daí é a hora que eu paro e penso tenho o ■■■ e o ■■■ que eu sei que me amam, mas a Victória pra mim é tudo, não sei até quando vou aguentar.

Até o direito de ver ela sendo velada e enterrada foi me tirado, hoje perguntei pra minha mãe como ela estava, ela disse que parecia que estava dormindo que nem parecia que tinha morrido.

agora só foi ficando dor e saudade não me conformo que qualquer dias desses vou sair daqui e não vou ter minha magrelinha pra pegar, pra cuidar e até dormir comigo, nos duas eramos um grude tudo que eu ia fazer, fazia com ela, a dor é muito grande, tudo isso daqui não é nada que eu sinto quando lembro dela, me da vontade de tudo de gritar, chorar, bater nas coisas e até morrer.

Teve uma dessas noites que eu sonhei que ela não tinha morrido nada, que eu fui até o cemiterio pra ir ver o tumulo e lá estava ela gatinhando e chorando de fome na hora peguei ela e olhei a marca da autopsia e ela tinha um corte que ia da garganta até perto da perereguinha, ai sai correndo com ela no colo e a levei pro [illegible] na hora ele também viu a marca e não acreditou e falou pra levar ela no São Lucas e dar alguma coisa pra ela comer, no meu sonho estavam a [illegible] o [illegible] que não paravam de chorar a [illegible] e o [illegible] que ficaram assustados. Daí eu acordei e me deu uma sensação de vazio e angustia de saber que isto nunca mais vai acontecer, que agora ela dorme em Cristo Jesus que só a hora que ele mandar ela acordara e subira com ele

mais isto doi, doi e muito a ordem natural das coisas deviam os pais morrerem e depois os filhos mais infelizmente não é assim vou ter que conviver com essa dor pro resto da minha vida, e de uma coisa eu sei não quero mais ter filhos

A prisão me deixou presada e tive bastante tempo pra pensar nisto, sou nova tenho saude e condições pra ter outros filhos mais não quero mais. A Vitória sempre vai ser a minha princesinha não vou conseguir cuidar de outra criança que não ser do [illegible], não quero substituir ninguém porque ela ~~elá~~ insubstituivel

21.

A lembrança da Victória vinha em todos os momentos.

Às vezes, vinha na cabeça alguma música que eu cantava pra ela. Ficava cantando, como se ela tivesse ainda comigo. Cantava "o sapo não lava o pé" e chorava. Era uma forma de alívio.

Ouvir o nome dela me fazia bem e mal. Quando eu pensava nela me dava vontade de gritar, de chorar, de bater nas coisas. De morrer. Era uma dor muito grande. Perto disso, a prisão não era nada.

Me tiraram até o direito de ver a Toia sendo velada e enterrada. E eu pensava *como ia ser chegar em casa e ver as coisinhas dela? Será que eu vou querer guardar? Será que eu vou querer ficar com uma lembrança dela? Será que eu vou querer dar tudo?*

Não me conformava que, quando eu saísse dali, não ia mais ter minha magrelinha – era como eu chamava ela – pra pegar, pra cuidar, pra dormir comigo. Nós duas éramos um grude. Como se fôssemos uma só. Tudo o que eu ia fazer, fazia com ela. Mas minha magrelinha preferiu ir morar lá com Deus e me deixou aqui sofrendo, morrendo de saudades, e até mesmo querendo demais ir morar lá com ela. Aí eu pensava que tinha o André e o Fabiano, que eu acreditava que me amavam. Mas a Victória pra mim era tudo. Eu não sabia se ia conseguir aguentar mais.

Teve uma dessas noites que eu sonhei que ela não tinha morrido nada e fui até o cemitério pra ver o túmulo; ela tava lá, engatinhando pelo jardim do cemitério, chorando de fome. Estava perdida e pedia pra eu tirar ela dali. Peguei minha filha na hora; quando olhei, ela tinha a marca da necrópsia – um corte que ia da garganta até perto da pererequinha. Saí correndo com ela no colo e levei pro Orlando, o tio-avô paterno dela. Ele viu a marca e também não acreditou. Falou que era pra eu levar a Victória no Hospital São Lucas (que é particular) e dar alguma coisa pra ela comer. No meu sonho, tava também a Elisa e o Tião que não paravam de chorar, e a Fabiana e o Alexandre, que ficaram assustados. Daí acordei e me deu uma sensação de vazio, uma angústia de saber que agora ela dorme com Jesus Cristo e, só na hora que ele mandar, a Victória acordará e subirá com ele.

A ordem natural das coisas deveria ser os pais morrerem e depois os filhos. Infelizmente não foi assim. Vou ter que conviver com essa dor o resto da minha vida. A prisão me deixou pirada e tive bastante tempo pra pensar. De uma coisa eu sabia: apesar de ter apenas vinte e um anos e ter um resto de saúde, eu não queria mais ter filhos. A Victória ia ser a minha princesinha pra sempre. Nunca mais ia conseguir cuidar de outra criança, a não ser do André. Eu não queria substituir ninguém. Minha filha era insubstituível.

É Deus de perto e não de longe

Deus de aliança Deus de promessa
Deus que não é homem pra mentir
tudo pode passar tudo pode mudar
mais sua palavra vai se cumprir

Segunda 13/11

Hoje eu não acordei bem chorei demais pelo lembrei que a Victoria não estava dormindo comigo, dai lembrei dos cobertor dela que eu ia fazer? se eu ia vender dar, vai ficar guardado caso eu tivesse outro filho mais dai lembrei não quero ter mais filhos.

Então pedi perdão à Deus de todos os meus pecados pra caso eu morrer poder ficar junto com ela

Dai pedi em plores pra Deus em nome do seu filho Jesus que me levasse junto com a Victoria, não estou suportando a idéia de sair daqui e não tê-la mais comigo.

Essa semana a Dr.ª vai pedir meu H C mais se sair tá logo, se não sair não tem importancia mais. Pedi que Deus me colocasse uma doença s/ cura e que eu morresse logo, não posso me matar se não, não vou pro lado da Tóia, mais se eu ficar doente e morrer igual ela vez dai sim, vou permanecer ao lado dela.

Ai eu lembrei do [redacted] que eu tive mamando de pouco tão que sem ele não suportava bem, mais ele é forte se ainda eu estiver aqui no dia da visita vou perguntar pra ele se ele vai ficar muito triste se a mamãe for morar c/ o papai do céu, mais já vou avisando que a mamãe não volta mais e se ele vai ficar bem com o papai.

Ou se não peço pra Dra perguntar pra ele. Não quero mais viver não sei se isso tbém é pecado que estou falando mais não quero mais, não tem mais graça nem animo pra que viver?

A minha magrelinha foi embora mesmo, e não estou pensando nisto só porque estou presa não, pra mim ta fazendo tanto faz como tanto fez

aqui pelomenos as pessoas não estão mais me julgando e na rua vão me julgar vou ter que ficar trancada até sair os laudos.

De uma coisa eu sei eu não matei minha filha não mataria a minha princesinha, mais vai demorar pra eu provar, e tbém to pouco me importando o que os outros acham, só quem me interessa que [illegible] e a minha família o resto pode pensar o que quiser de mim.

Queria ir embora com a Vitória meu Deus me leva sei que é só os bons que morrem antes mais me leva pra cuidar dela. To sentindo muito a sua falta.

Me dá uma chance e me leva vai! O Senhor já tem tantos filhos pra cuidar eu já não estou fazendo mais a diferença nunca fiz agora então! Queria morrer

agora na parte da tarde fui ouvida antes fiquei deitada a tarde inteira desceu p/ mim fiquei até aliviada mais estou numa melhora só, não estou pensando mais naquelas coisas que pensei de manhã

A Dra [illegible] veio e me disse algumas coisas que me deixou um pouco + animada, falou que amanhã ela vai pedir meu HC + demora uns 10 dias não quero ficar esperançoza mais eu acabo ficando né

+ Ela disse que na autopsia da Victória deu morte indeterminada e que quiseram induzir o legista a colocar que era cocaína mais ele não afirmou isso disse ela é um ponto pra nós.

Ela tbém falou que levaram pra SP pra analise toda parte digestiva da Victória

Vemos algumas usadas da minha mãe, a Dª Nhª falou que minha mãe quase quis bater no delegado que ela falava: Dona Lula p/ com isso e minha mãe dizia (E vc fica quieta eu vou bater neste homem) o homem que minha mãe falava era o Delegado

Ela tbém disse que a █████ foi curta e grossa no depoimento (não sei + to com a impressão que ela esta contra mim)

Ah eu disse pra Nhª eu falar c/ █████ c/ a █████ e a Nª █████, vamos ver o que ela consegue.

Ah fui ouvida sobre o espancamento lá da Cadeia de Penha por um delegado muito formal.

22.

"O dia passa horas se estendem
As pessoas ao redor nunca me entendem
O dia passa horas se estendem
As pessoas ao redor nunca me entendem
Então..."
Zoio de lula/Charlie Brown Jr.

Na escola tinha um professor de história que toda a vez, antes de começar a aula, colocava um pensamento na lousa. Eu sempre anotava no caderno as frases que eu gostava. Sempre gostei de escrever.

Passava o tempo na cela escrevendo. Fazia como se fosse um diário. Escrevia muita letra de música. Eu gostava de prestar atenção nas letras que tinham a ver comigo.

E escrevia cartas pra pessoas. Principalmente pra minha mãe. Nas cartas pra ela, sempre terminava com uma lista, pedindo algumas coisas:

Borracha

Apontador

Caneta bic

Manteiga de cacau

Creme hidratante para o corpo sem álcool

Sandália rasteirinha (o meu chinelo tinha arrebentado e eu andava descalça na cela)

Bolacha água e sal

Refrigente (preferia em vez do suco)

Eu não recebia muitas cartas, não. Depois, quando fui solta, as pessoas diziam que tinham vontade de escrever, só que não queriam incomodar a família, que já tava num momento tão difícil, pra ficar pedindo endereço. Até que um dia chegou a resposta do meu noivo.

Amor, esta é a terceira carta que eu escrevo. As outras não consegui entregar.

Queria saber como você está (detalhes).

Que história é essa que você vai terminar comigo? Você mentiu o nosso relacionamento inteiro e eu fico do teu lado, te perdoo. Tô passando a maior barra pra proteger o nosso filho dos jornalistas e, quando fico distante de você, é porque duvido de você, é assim que você me agradece? Não, não duvido de você, eu te amo muito e sei que você é inocente.

Lembra quando o Leandro e eu falamos que você tinha que tomar uma posição diante de Deus? Você não está entendendo, o inimigo é traiçoeiro, você vai sair e Deus que vai te livrar para sempre. A palavra diz "ainda que não haja justiça na terra, daí Deus entra com a justiça Divina", mas tem que se entregar de coração.

Você sabe, Deus revela coisas ocultas, sabe quem está a seu favor. Quarenta e seis internos da casa Agape estão orando e jejuando pela sua causa. E sabe mais quem? A igreja que frequento, a Igreja da Paz, a Assembleia de Deus, a Batista, o Leandro e a mulher dele, o pai, a mãe, o irmão, a minha mãe, meu pai, minha irmã e eu, todo dia e toda noite. Leia o provérbio cinco inteirinho. Medite na leitura.

"Chame a mim e eu responderei e lhe direi coisas grandio sas e insondáveis que você não conhece" (Jeremias, Cap. 33, versículo 3)

O p´p está bem, a psicóloga falou que, eu como pai, ele não precisará de fazer terapia. Para o André, a Victória virou uma estrelinha que está no céu.

Eu creio que você estará solta, livre o mais breve possível, para viver conosco.

O montador montou o guarda-roupas no sábado. Doeu muito ver ele montando tudo sem suas roupas, sem você pra ver.

Sua mãe, seu pai e o Douglas vêm todos os domingos em casa e passam o dia com o André.

Vou te mandar livros, o que não entender me escreve que responderei. Não esqueça da palavra de Deus, não deixe o inimigo se sentir vencido.

Você nunca foi minha de verdade. Eu quero uma família abençoada por Deus, espero que você me siga como uma mulher faz com o marido, indo na igreja, me ajudando no serviço, na dedicação dos filhos, na alegria e na tristeza. Eu passei muitas dificuldades pra estarmos juntos hoje porque eu te amo muito. Pense para você ver.

Vou te mandar selos. Por favor, me escreva o que precisar também. Me dá um dia o gostinho de eu cuidar de você?

Espero que cumpra a promessa depois de eu comprar a máquina de lavar (risos). Brincadeira só pra descontrair.

Que Deus te abençoe abundantemente.

Te amo muitíssimo e um grande beijo.

Fabiano

(Desculpa a letra, faz tempo que não escrevo)

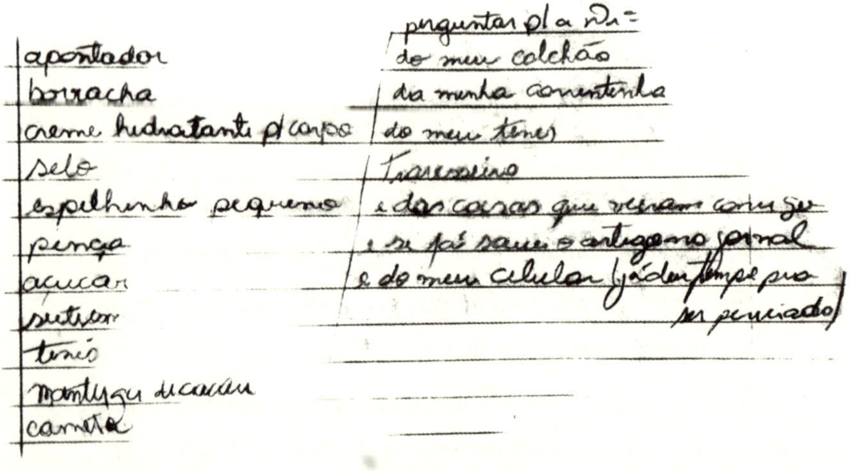

Terça 14/11

Se você ouvisse as vozes que eu ouço a noite,
acharia tudo que eu faço natural
Se você sentisse o medo que eu, sento do escuro
Se você soubesse o mal que o sol me faz
não me pediria pra repetir
Revoltas banais das quais eu já me esqueci
Se você ouvisse as vozes que ouço a noite
as vozes me assusta, outras vezes me atrai
Se você sofresse tanto o quanto eu sofro c/a solidão
Se você soubesse o qto eu preciso da solidão
Não me pediria pra repetir
Frases banais das quais eu já me arrependi
Duas pessoas são duas verdades
e na verdade são dois mundos
cada segundo o pânico aumenta
e uma sombra arrebenta a porta dos fundos
Se você sofresse o qto eu sofro c/a solidão.
E precisasse tanto qto eu preciso da solidão
Não me pediria pra repetir, gestos banais
iguais aos que eu não fiz

23.

Nas cartas que eu mandava pra minha mãe pedia muito pra ela falar pra Dra. Gláucia ir lá na penitenciária. Mandava esse recado porque eu não sentia que minha advogada tivesse fazendo alguma coisa. Tinha muito medo de ir pro convívio e apanhar de novo. Tanto que chamei a diretora, a Dra. Sandra, pra falar que eu não queria ir pra lá de jeito nenhum. Ela falou pra eu não me preocupar.

Se você for inocente mesmo como você
tá dizendo, uma hora você sai.

Eles perceberam que eu tava com muita depressão. E que se eu fosse pro convívio ia acabar acontecendo alguma coisa mesmo.

◊

A Dra. Gláucia apareceu em Tremembé pela primeira vez quando eu fui ser ouvida pelo delegado de Pinda. Ela acompanhou o depoimento. Aí sim eu tinha uma advogada pra falar e pra fazer o reconhecimento. E podia beber água gelada à vontade.

A primeira coisa que fiz quando vi a Dra. Gláucia na sala da Administração foi pedir um copo d'água. Ela me deu e perguntou

Estão te tratando bem, querida?

Daí ela me entregou o santinho da missa de sétimo dia da Victória. Tinha uma foto dela. Chorei muito quando vi. Eu ainda não acreditava no que tinha acontecido. Até agora não entendo.

Ela disse que tinha entrado com requerimento na Justiça pra poder me ver na Santa Casa. Que tinha ido me visitar lá e, quando entrou no quarto e me viu, até pensou que eu tava morta. Daí me explicou o que ela tava fazendo, qual procedimento que ela tava tomando na Justiça, que meios ela ia tentar usar pra eu poder sair, que ia pedir um *habeas corpus*. Mas tava difícil porque eu tinha sido presa em flagrante.

A Dra. Gláucia era muito simpática comigo. Nunca foi assim rústica. Me tratava bem. Mas sabe aquela pessoa que é muito amiga, muito simpática? Eu não gosto quando a pessoa fica assim, com aquela melação. Soa mal. Soava falso. Eu olhava pra ela enquanto ela falava e ficava com o pé atrás. Naquelas alturas dos acontecimentos, eu já tava com o pé atrás com todo mundo.

◊

Pensei *se o* habeas corpus *que a Dra. Gláucia vai pedir sair, tá bom, mas se não sair não tem importância mais.* Implorei pra Deus em nome de seu filho Jesus que me levasse pra junto da Victória. Não tava suportando mais a ideia de não ter ela comigo. Pensava *não posso me matar, senão não vou pro lado da Toia. Se eu ficar doente e morrer igual a ela, aí sim fico do lado dela.* Supliquei a Deus que me colocasse uma doença brava, sem cura e que eu morresse logo. Ou que eu dormisse sem fim, não acordasse mais e, como num sonho bom, fosse correndo abraçar, beijar e brincar com minha filhinha.

Aí eu lembrei do André, que eu também amo de paixão. Que sem ele eu não suportaria também, mas ele é forte. Pensei *se eu ainda tiver aqui no dia da próxima visita, vou perguntar pro André se ele vai ficar muito triste se a mamãe for morar com o Papai do Céu (e já vou avisando que a mamãe não volta mais) e se ele vai ficar bem com o papai.*

Eu sabia que era pecado, mesmo assim, não queria mais viver.

Tremembé, 22 de novembro de 2006.

Mãe, por favor quando a senhora vier na visita, me traz um chinelo porque o meu arrebentou. Não precisa trazer suco, mais se quizer trazer refrigeranti, fala pro [...] que a biblia e os livros já estão na minha mão e eu já estou lendo

Te AMO

UM ABRAÇO P/ TODOS

DANI

24.

Minha menstruação desceu e fiquei aliviada de não estar grávida daquele monstro. Fiquei deitada o dia inteiro. Até que a Dra. Gláucia e o delegado de Pinda apareceram. Iam me levar pra ser ouvida sobre o espancamento.

Fora as visitas da minha mãe e da advogada, o único dia em que saí da cela foi pra fazer um exame de sangue. Era muito difícil ficar sozinha num ambiente fechado. As meninas que ficavam no convívio tinham horário pra tomar banho de sol. Muitas delas até trabalhavam. Eu não.

Eu sabia mais ou menos o horário porque ali perto tinha uma igreja. Eu calculava cada hora que o sino tocava. Nem sei se tava certo. Tinha dias que o sino não tocava direito, daí eu ficava meio perdida. Não sei por que, mas a gente tem necessidade de saber o dia que é, a hora que é.

Eu anotava umas coisas que precisava falar e quando a carcereira vinha eu aproveitava pra perguntar *o que eu faço com o lixo? Tem produto de limpeza pra limpar a cela? Como que eu faço com a roupa suja, que não tem mais roupa limpa? A visita pode trazer cera fria pra eu me depilar? As cartas são lidas quando são enviadas ou quando são recebidas? Qual endereço eu coloco na carta?*

Um dia não chegou mais uniforme, nem roupa de cama, nem toalha pra mim. Arrumei um fiozinho de barbante que tinha no banheiro, amarrei uma ponta no fio da descarga e a outra na janela. Fiz um varal e pendurava lá a roupa que eu lavava com meu sabonete e meu xampu.

Era novembro e dentro da cela era muito quente. Quando eu não tinha mais bermuda, enrolava a calça até o joelho. E quando sabia que não ia vir ninguém, ficava só de calcinha e sutiã. Se eu escutava um barulhinho, corria e colocava a camiseta branca e a calça cáqui, porque era proibido ficar sem roupa ali.

Um dia decidi deitar direto no chão, atrás da porta de madeira. O piso era mais frio e, quando eu comecei a ter crise de convulsão, me aconselharam a tirar o colchão da cama e botar no chão pra não ter risco de eu cair.

Eu deitava perto da porta e sonhava com a Victória. Ela dormia encostadinha em mim, pra poder mamar. Era meu chicletinho. Eu tinha essa sensação que ela tava do meu lado ainda. E sonhava que ela tava deitada comigo, com o cobertorzinho dela. O que eu ia fazer com ele? Ia vender? Ia ficar guardado em casa? E se eu tivesse outra filha? Ia deixar o cobertorzinho pra ela? Aí lembrei que eu não queria mais ter filhos.

Uma noite comecei a escutar choro de criança. Choro de bebezinho bem pequenininho mesmo. Daí ouvi uma voz me chamando pela fresta

Ei, você é aquela moça que foi acusada de matar a filha? Não chora, não. A gente também tá aqui, teve neném e tá esperando se vai ser transferida, se vai pra uma penitenciária que pode ficar com filho. Senão, dentro de quarenta dias, a gente tem que entregar a criança.

As celas da frente agora tinham duas moças que tiveram bebê no mesmo dia. Tavam em quarto separado, não podia ficar tudo junto. Uma chamava Jéssica e teve uma menina. A outra chamava Bruna e teve um menino. A Bruna falou

Olha, eu não acredito em nada do que aconteceu. Pode ficar despreocupada. A gente não vai fazer nada pra você. Uma que eu não consigo fazer nada porque tive cesárea, tô com muita dor, outra que tô com um neném, trancada no quarto.

Achei até estranho no começo. Elas falavam comigo e eu não respondia. Elas me diziam *ô monstro, não precisa ficar com medo, conversa com a gente. Só queremos ouvir sua versão.* Então, aos poucos, começamos a conversar por debaixo da porta. Era bom pra mim, pelo menos eu tinha alguém com quem conversar, mesmo que fosse dessa maneira.

Contei apenas um pouco do que tinha acontecido. Não falei muito porque tinha medo de tudo. E elas contaram um pouco delas também.

A Bruna, que era de Pinda, tava presa porque o marido dela, que tava na cadeia, pediu pra ela guardar um carro roubado na casa deles. Ela tava com sete meses de gravidez quando foi pega. Não sei se foi só isso, mas, enfim, quem sou eu pra julgar alguém.

A Jéssi, como eu a chamava, era de São José dos Campos. Ela foi presa quando tava grávida de quatro meses porque tava levando maconha dentro da perereca pro marido preso. Fora aquele bebê, ela tinha mais quatro filhos e disse que esse era o único jeito de ela conseguir dinheiro pra alimentar as crianças. Era o sistema que ela vivia. Infelizmente, a Jéssi era de uma família muito pobre. Tinha dias que ela chorava de raiva dela mesma. Eu tinha muito dó e pensava *que bosta de mundo, ela tinha 23 anos, cinco filhos e é só isso que a vida oferece pra ela.*

Eu até cansava de tanto chorar. Elas tinham dó quando ouviam e começavam a conversar e fazer palhaçada comigo pra me distrair. Até que uma hora comecei a fazer palhaçada também.

Eu deitava bem perto da porta, onde ficava um vão. E ali a gente conversava. A Bruna, que teve parto cesárea, era muito engraçada e me ajudou bastante com suas palhaçadas e loucuras. Eu dava muitas risadas. Ela gostava muito de cantar. Cantava desde música de igreja evangélica até Alcione. E a gente soltava a voz com ela, do chão:

Você me vira a cabeça
Me tira do sério
Destrói os planos que um dia eu fiz pra mim
Me faz pensar por que que a vida é assim
Eu sempre vou e volto pros teus braços
Você não me quer de verdade
No fundo eu sou tua vaidade
Eu vivo seguindo teus passos
Eu sempre estou presa em teus laços
É só você chamar
Que eu vou
Por que você não vai embora de vez?
Por que não me liberta dessa paixão?
Por quê?
Por que você não diz que não me quer mais?
Por que não deixa livre o meu coração?
Mas tem que me prender
Tem que seduzir
Só pra me deixar louca por você
Só pra ter alguém que vive sempre ao seu dispor
Por um segundo de amor

Você me vira a cabeça/Alcione

Elas conheciam meu rosto porque antes de chegarem me viram pela televisão. Falaram que não me julgaram. Eu só vi a Bruna e a Jéssica uma única vez, de relance, quando eu tava passando, numa das visitas da minha mãe. Mesmo assim, pegou tipo uma amizade mesmo. Eram as únicas amigas que eu tinha.

25.

Mandei uma carta pra minha mãe. Eu tava me despedindo porque eu tava planejando me matar.

Eu não suportava mais aquela situação. Tinha me revoltado com Deus e brigava muito com ele. *Por que eu tinha que passar por tudo isso? Por que eu tinha que continuar ali?* Sabia que eu era inocente, e tinha certeza que não ia sair dali, porque pobre não tinha direito de nada. Eu também tava vendo o dia em que ia ser levada pro convívio. Tinha muito medo disso.

No sábado pro domingo tive um sonho que parecia bem real. Eu tava entrando na casa do Orlando, o tio-avô da Victória. Sempre tive uma relação muito boa com ele. No sonho, a casa era igual à de verdade. Era Carnaval. Eu olhava os quadros na parede e vi a a imagem do Senhor Bom Jesus, que tava todo iluminado. Pensei comigo *eles ainda não se livraram da idolatria?* Peguei uma Bíblia que tava na minha mão, abri numa palavra e disse *ANDAREIS EM VERDADE E A VERDADE SEMPRE LHE SERÁ DITA*. Nem sei se essa palavra existe. Fui conversar com o Orlando e ele me disse *a gente sempre acreditou em você*, e mostrou pra mim a declaração de óbito da Victória. Dizia que ela morreu de causa indeterminada. Eu não sabia disso ainda. Achava bom que eles acreditavam em mim e que sabiam que eu não podia ter sido presa se tinha dado causa indeterminada. Depois veio a Elisa, avó da Victória. Falou que sempre acreditou em mim.

Acordei. Passaram umas horas e minha mãe veio me visitar. Era domingo e ela sempre vinha depois do almoço, quase uma e meia da tarde. Dessa vez, não me algemaram nem fizeram revista. As visitas eram sempre na Administração, dessa vez foi na capela. Contei pra ela do sonho. Ela me disse

Filha, espera. Esta semana você
vai ter uma notícia muito boa.

Minha mãe tava com um semblante muito bom. Disse que a minha advogada tava vindo.

O que é, mãe? Vou ser transferida de novo?
Filha, só posso te dizer que é
uma notícia boa.

Eu gosto muito de batata frita. E nesse dia minha mãe levou aquela batata frita de bolinha, lasanha e dois litros de Coca-Cola. Não podia entrar nada com rótulo, mas eu sabia que era Coca mesmo, pelo gosto.

Acabou a visita. Levei tudo pro quarto.

__/__/__ Tremembé, 28 de novembro de 2006.

Venho por meio desta mandar-lhes muitos beijos e abraços juntamente a Senhora ao Pai, meus irmãos, e claro meu filho que amo tanto. Espero que por ai esteja Tudo na "Paz do Senhor"

Mãe, sinto muito a falta de todos vocês, até das brigas (pois já briguei tanto com a Senhora, o Pai e o que me arrependo a cada segundo)

Lamento todos os dias está fazendo todos vocês passarem por estes constrangimentos, que sei que todos estão passando, mais só agora percebo que somos uma familia de verdade, que haja o que acontecer um sempre vai estar com o outro.

Mas não desejo isto que esta me acontecendo nem pro meu pior inimigo. A Falta da Victória me doe mais a cada dia, penso nela constantemente e saber que não vou mais te-la me doe mais e mais. Gostaria que alguém levasse ao tumulo dela em meu nome um vasinho de flores, já que esta me parecendo que tão cedo nem o tumulo da minha filha vou poder conhecer. A cada dia que vem passando estou perdendo as esperanças que irei sair daqui este ano, o FORUM vai entrar de recesso e acho eu que meu H.C ainda não vai ser aceito.

26.

Na segunda-feira, dia 4 de dezembro, fiquei esperando a Dra. Gláucia o dia todo. Foi dando o horário e ela não vinha. Eu tinha a impressão que ela não acreditava na minha inocência. Acho que ela pensava que eu era uma louca, que achava que tinha alguma coisa estranha, que eu não tava falando a verdade.

A Dra. Gláucia apareceu quase no finalzinho do dia e contou pra mim que o laudo definitivo, feito em São Paulo, no Instituto de Criminalística, tinha saído. Tinha dado negativo pra cocaína e positivo para derivados barbitúricos e diazepínicos. Ela disse

Dani, vai sair o seu habeas corpus.
Até quarta-feira, no máximo,
você tá saindo daqui, querida.

Ela contou que na necrópsia da Victória deu morte indeterminada e que quiseram induzir o legista a colocar que era cocaína, só que ele não afirmou isso. Era um ponto pra nós. Ela também falou que levaram pra análise toda a parte digestiva da Victória. Fiquei eufórica.

Eu sabia! Eu sabia! Eu sempre
soube que era inocente!

Voltei pra cela muito contente. Não me aguentava de tanta felicidade. Falei pras meninas da frente *filhos da puta! Tiraram minha filha de mim, não acreditaram em mim, me jogaram aqui nessa porra, agora eles se foderam: tô indo embora!*

Quando foi de noite, uma carcereira entrou na cela e sentou na minha cama. Isso era proibido. Era uma senhora alta, gordinha, branquinha, de cabelo grisalho e óculos. Ela perguntou

É verdade que você vai sair?
Não sei. Minha advogada disse que sim.
Então, boba! Se a sua advogada falou que
você vai sair, espera um pouco que você sai.

A carcereira falou que tinha visto na televisão que o laudo saiu negativo, que logo eu ia embora. Já faziam 36 dias que eu tava no inferno.

Percebi que as pessoas ali não me julgavam mais. E na rua, iam me julgar? Eu pensava que, quando saísse, ia ter que ficar trancada em casa até saírem todos os laudos.

Eu sabia que não tinha matado a minha princesinha, mas ia demorar pra eu provar. Mas já tava pouco me importando com o que os outros pensavam. Só quem me interessava era o Fabiano e a minha família. De resto, podiam pensar o que quisessem de mim.

O sino tocou três badaladas. Deviam ser três horas da manhã e eu ainda não tinha conseguido dormir. Pensei em tomar todo o remédio que eu tinha escondido, pra ver se desligava um pouco.

Tava feliz de sair, daí pensava *vou pra casa...* E, então, uma angústia que trancava meu peito... *sem o meu bem mais precioso.*

P/ perguntar: da roupa suja e do. limpa que n tenho + papel
do lixo
das coisas p/ eu limpar o quarto
do remedio da noite e da manhã
se nao posso me depilar ou se a visita pode trazer
cera fria
da biblia e das revistas
e se as cartas são lidas qdo enviadas e recebidas
e qual o endereço p/ eu mandar carta

27.

A repórter Cristina Cristiano tinha conhecidos no Instituto de Criminalística, em São Paulo, que vazaram pra ela que o laudo já tava pronto. O fórum ia entrar em recesso a partir do dia 5 de dezembro e só iam me liberar em fevereiro, depois do carnaval.

O problema era que, como me explicaram, o primeiro teste que tinham feito em Taubaté, o *blue test*, dava positivo pra qualquer substância com nome terminado em "ina": novalgina, cafeína... O teste deu positivo, disseram que era cocaína e fui presa.

A Cristina Cristiano descobriu que esse teste tava ultrapassado, não se aceitava mais, e começou a pressão pra que refizessem a análise, em São Paulo. O resultado: não tinha cocaína nenhuma na mamadeira, só tinha o remédio que eu diluía no leite – receitado pelo médico – e dava pra Victória.

A Cristina vazou essa informação pra imprensa e avisou a Dra. Gláucia. Uma repórter do SBT ficou em cima do juiz, insistindo.

Excelência, o laudo já deu negativo.
Ela não vai sair?

Finalmente liberaram o resultado do exame da substância na mamadeira. Negativo pra cocaína. O juiz assinou e concedeu o *habeas corpus* no dia 5 de dezembro, aniversário de Taubaté, e mandou o oficial de justiça me soltar.

O habeas corpus *só saiu por causa*
da televisão mesmo.

15/11

Ando só, pois só eu sei pra onde ir por onde andei. Ando só, nem sei porque. Não me pergunte oque eu não sei. Pergunte ao pó, desça ao porão, siga aquele carro, as pegadas que eu deixei

Desate nó que te prendeu, há uma pessoa que nunca te mereceu. Desate nó que nos uniu.

Num desatino, num desafio

Ando só, como pássaro voando (gostaria de ser passaro livre s/ gaiola)

Ando só como se voasse em bando

Ando só, pois só eu sei cantar, s/ saber até quando

Ando só...

Terra Notícias

Mamadeira de bebê morto não tinha cocaína, diz laudo

05 de dezembro de 2006 • 08h52 • atualizado às 09h29

O laudo do Instituto de Criminalística (IC) revelou que não era cocaína o pó branco que foi encontrado na mamadeira de Victória Maria do Prado Iori Camargo, um ano e três meses. A bebê morreu no dia 29 de outubro, após ter três paradas cardíacas no Hospital Municipal Infantil de Taubaté em São Paulo.

De acordo com o jornal *Diário de S. Paulo*, a mãe Daniele Toledo do Prado, 21 anos, que foi acusada de matar a filha com overdose da droga, apanhou das outras detentas na cadeia.

O laudo, que foi assinado pela perita Mônica Marcondes Feigueiras, de São José dos Campos, deu negativo para o exame feito com o pó branco retirado da boca da criança e de uma seringa de Daniele, que estava dentro da bolsa da jovem. Na primeira ocasião, a polícia disse que um laudo apontou que o pó encontrado era cocaína.

O laudo do Instituto Médico Legal (IML) que vai apontar a causa da morte de Victória deve ficar pronto hoje.

Fonte: <http://noticias.terra.com.br/brasil/noticias/0,,OI1284178-EI5030,00-Mamadeira+de+bebe+morto+nao+tinha+cocaina+diz+laudo.html>.

28.

Na terça-feira acordei às seis horas, quando trocou o turno. A carcereira que sempre foi grossa comigo veio me trazer o remédio. Só que dessa vez ela não berrou TOLEDO, REMÉDIO! Ela me acordou assim

Dani, vem tomar o remédio, querida.

Que ódio eu tenho de gente falsa.

Ela disse que a notícia que tava rolando em tudo que era canto do país naquela terça era que todos os laudos saíram negativos.

Fingi que tomei o remédio que ela me levou porque eu queria ficar bem acordada.

Também não tomei o café, mas não por medo de que estivesse envenenado. Eu não conseguia tomar porque tava ansiosa mesmo.

Não arrumei as minhas coisas. Parecia que eu tava até sonhando.

Também não almocei.

Pensei *tá demorando*, e então dormi um pouco.

Acordei e fiquei cantando a música “Preciso de Ti”, do grupo gospel Diante do Trono, a tarde toda.

Distante de Ti, Senhor, não posso viver
Não vale a pena existir (não vale a pena)
Escuta o meu clamor
Mais que o ar que eu respiro
Preciso de Ti
E as lutas vêm tentando me afastar de Ti
Frieza, escuridão procuram me cegar
Mas eu não vou desistir
Ajuda-me, Senhor
Eu quero permanecer Contigo até o fim

A carcereira veio e perguntei pra ela se tinha alguma novidade.

Nada ainda. É bom a sua advogada
chegar logo, porque você só pode sair até às
17h. Senão, você vai ter que esperar até manhã.

Fiquei chutando o chão. Quando a Valdete passou eu perguntei as horas. *16h40*. Pensei *acho que só amanhã vai dar tempo de a doutora chegar. Tá bom, tá bom, todo mundo já sabe que eu sou inocente. Vou conversar mais um pouco com a Bruna e a Jéssica pra me acalmar.*

Tava conversando com elas, deitada de lado, quando, de repente, escuto um barulho de porta batendo lá na frente, abrindo com toda a pressa. Fiquei assustada; achei que era o choque da PM. Ouvi a Valdete falando pra eu sair de trás da porta correndo.

Ela abriu a cela e juntei as poucas coisas que tinha comigo. Ela falou *você vai embora, garota, bem que você disse que era inocente. No começo eu não acreditava em você, mas depois eu percebi que você era boa e educada, chorona, mas verdadeira.* Ela me deu um abraço forte; senti sinceridade nas palavras dela.

Falei *tchau* pras meninas. Mesmo sem a gente nunca ter se visto, elas choraram de alegria. A Bruna disse que o nome do filho dela ia ser André Lucas. Era uma homenagem que, de alguma forma, ela queria fazer pra mim. A Jéssi também queria me homenagear e disse que a filha dela ia se chamar Victória Beatriz. Eu fiquei muito emocionada por ver que existiam pessoas que nem me conheciam e acreditavam em mim.

◊

Depois que saí da cela fui pra Administração. A Dra. Gláucia, a Dra. Sandra, a oficial de justiça e outras pessoas tavam lá. A Dra. Sandra me disse *não falei que se você fosse inocente ia embora*? Respondi pra ela *só não demorou o tempo que a senhora falou, graças a Deus.*

Assinei o meu *habeas corpus* e troquei de roupa. Só que a Dra. Sandra falou que eu não podia mais ir embora naquele dia porque a Dra. Gláucia chegou na penitenciária às

17h05 e, de acordo com as normas do sistema penitenciário, os presos só podem ser liberados até às 17 horas. A Dra. Gláucia disse que ia chamar a imprensa

Esta é mais uma arbitrariedade!
Está cheio de repórteres aí fora!
Vamos ter que denunciar!

A diretora cedeu. Disse que me liberaria com a condição de lançar minha soltura no sistema só no dia seguinte.

Eu tava muito contente. Nem acreditava que aquilo acontecia comigo. Perguntei pra doutora *quem tá lá fora?* Ela disse *um monte de repórteres*.

Quando resolvi sair, vi a quantidade de gente ali. Eu não imaginava que era tanto. Pensei que era só a reportagem local. Além dos jornalistas, rádios e fotógrafos da região, tinha a Globo, o SBT e a Record. Todos os maiores meios de comunicação. Aquele é o presídio das famosas: Suzane Von Richthofen, Anna Carolina Jatobá (a madrasta da Isabela Nardoni), pra falar de algumas das celebridades que passaram por lá. Fiquei assustada. *Bando de carniceiros querendo vender notícia com a desgraça alheia*. Cogitei a hipótese de sair pelos fundos. Pedi isso pra Dra. Sandra. Ela disse

Você não falou que é inocente? Então
mostra pra todo mundo. Sai pela
frente, de cabeça erguida.

Pensei *até que enfim ela disse alguma coisa que preste.*

Eu também não tava dando importância a isso. Queria sair dali logo, ir no túmulo da Toia, ir pra casa, tomar um banho quente, comer uma coisa bem gostosa. Saí.

Fiquei presa por 37 dias.

Quero trazer a memoria, só o que pode me dá esperança
não vou pensar em nada que me entristeza
não vou deixar ninguém pisar nos meu Sonhos
nem roubar minha fé
não vou deixar que contamine a minha mente
não vou dar brechas pois é isso que o inimigo quer
Eu só vou ocupar a mente c/as coisas lá de cima
não vou entregar os pontos não,
Vou dar a volta por cima
Se tentarem contra mim
se prepararem vão se arrepender
Estou em Cristo sou imbatível, é claro que vou vencer
Se quizerem jogar pesado, com Deus vou prevalecer
Estou armado, fortalecido, edificado, pela palavra de Deus.
Eu tenho escudo, e a espada, armas pesadas Deus me deu
Estou orando, me vigiando, e descansando em Deus

Vou profetiza a minha vitoria, eu tomo posse dela aqui agora
E te agradeço Deus

Vou embora!!

29.

"Eu ia explodir
Eu ia explodir
Mas eles não vão ver os
Meus pedaços por aí"
Me deixa/O Rappa

Quando pus o pé pra fora fiquei mais assustada ainda. Aquele bando de carniceiros me cercando de todos os lados, me amassando, me deixando sem ar, querendo que eu falasse alguma coisa. Falei pouco e deixei bem frisada a minha inocência. Uns mais audaciosos subiram em cima dos carros na rua e até quebraram a lente dos óculos da minha prima. Tudo pela melhor foto ou imagem.

A primeira pessoa que eu vi foi a minha vó, mãe da minha mãe. Ela me deu um abraço gostoso e dizia *minha neta, até que enfim fizeram justiça.* Depois vieram minhas tias, meu pai e minha prima Bárbara. Nós duas éramos como irmãs, até brigar como irmãs a gente brigava. O que me comoveu mais foi quando eu vi o Orlando, tio-avô da Toia, do outro lado, todo recatado pra não ser filmado. Ele era como um pai pra mim. Sempre me ajudou, nunca me criticava por nada e sempre me incentivava. Sem falar pra ninguém quem ele era, eu corri e dei um grande abraço nele. Isso pra mim era o mais importante: a família da minha filha acreditava em mim.

Depois, um pouco de longe, eu vi a Elisa, a avó paterna da Victória. O Orlando me levou até lá e chorei quando nos abraçamos. Nós duas ultimamente andávamos brigando porque eu sempre queria o melhor pra Toia, o que, às vezes, não tava ao alcance dela. O importante é que ela sabia que eu amava e amo demais a neta dela. Ela também chorou, mas nenhum repórter desconfiou quem ela era, então não se preocuparam em tirar foto nem filmar, graças a Deus. Esse era um momento só nosso, de mais ninguém.

Fiquei sufocada com aquele tanto de gente, aquele tanto de jornalista que não me deixava fazer nada. Pedi por favor pra advogada pra que me tirasse dali. Eu queria ir ao Cemitério de Tremembé, onde a Toia tava enterrada.

Eles não imaginavam que eu ia querer ir lá. Não naquele momento. Então a Dra. Gláucia comprou ali perto um vaso de flor bonito, de margaridinhas amarelas, todo enfeitado, e me levou lá. A imprensa me seguiu.

Agora São Paulo

Libertada, mãe quer saber do que filha morreu

Moça acusada de colocar cocaína na mamadeira da filha saiu do presídio ontem, após ser espancada. Família pretende processar o Estado.

TREMEMBÉ – Depois de ser acusada de matar a filha Victória, 1 ano e 3 meses, colocando cocaína na mamadeira dela, Daniele Toledo do Prado, 21 anos, foi libertada da penitenciária feminina de Tremembé (138 km de São Paulo) às 17h30 de ontem, por alvará de soltura concedido pelo juiz da Vara do Júri e da Infância e Juventude de Taubaté, Marco Antonio Montemor. (...)

Assim que foi libertada, ontem, a mãe de Victória abraçou os familiares que a esperavam do lado de fora desde as 10h. Chorou e fez declarações com a voz trêmula. Depois, conforme havia pedido à advogada, foi levada para o cemitério e visitou o túmulo da filha. Depositou um buquê de flores e permaneceu na frente do jazigo em silêncio por quase 10 minutos.

"Só agora posso viver o luto pela morte da minha filha. Até este direito me foi tomado, até de velar minha filha. Só vi ela no primeiro momento que ela se foi. Tenho saudade, principalmente de dormir na companhia dela. Isso pesou na cadeia. Infelizmente, vou ter de seguir minha vida e cuidar do meu outro filho [André, 3 anos]. Se estou viva até agora é porque Deus reservou algo grande para mim. Quero saber exatamente do que a minha filha morreu", disse Daniele.

(Gabriel Batista)

Fonte: <http://www1.folha.uol.com.br/agora/policia/pl0612200601.htm>.

Meu coração batia forte, muito forte.

Quando chegamos, pedi para os repórteres me deixarem entrar sozinha. Quem disse que eles me atenderam? Nem chorar à vontade eu pude. Nem ali os fotógrafos me respeitavam.

Eu não sabia o lugar em que ela tava enterrada. Aí me mostraram o mausoléu da família do pai dela. Parecia uma capelinha. Parei ali na frente e não consegui abrir o portãozinho. Que dor. Foi nesse momento que eu comecei a entender mesmo que ela estava morta. Que vontade de arrancar ela de lá, pegar no colo e ir embora com ela, ou trazer de volta pro meu mundo. Nunca na minha vida imaginei visitar o túmulo de um filho, mais ainda da minha Victória, que sempre foi tudo pra mim. Agachei pra deixar o vasinho no chão, em frente ao portão. Eu não conseguia levantar e ficar de pé. A Dra. Gláucia e minha prima Luísa me ampararam.

Pedi pra ir pra casa dos meus pais.

30.

Entrei no Renault Clio prata da Dra. Gláucia e vim pra Taubaté. Atrás, parecia que tinha uma procissão, de tanto repórter. Perdi toda a minha privacidade. Aquilo tava me dando uma raiva. *Bosta.*

No caminho de casa liguei pro Fabiano, pra ele levar o André. Queria ficar com ele. O Fabiano tinha ido fazer compra. Pensei *talvez ele nem saiba ainda que eu saí da prisão*. Falei com a mãe dele; ela ficou contente, mas não me deixou falar com o meu filho. Pensei *isso vai mudar, porque o filho é meu.*

Quando entramos na rua da casa dos meus pais, já conseguia ver uma fila de carros que ia até a esquina. Minha mãe tava me esperando no portão. Dei um abraço nela; logo atrás, os carniceiros já queriam entrar em casa, mas eu não queria. Dei algumas entrevistas em frente de casa e, antes de entrar, percebi que muitas amigas minhas tavam ali me esperando: a Dona Suzi, a Carol, as crianças, a minha família inteirinha e alguns vizinhos. Abracei todos e entrei em casa, seguida das minhas amigas. Alguns repórteres aproveitaram e entraram também.

A casa era um corredor. Não tinha sala. Primeiro, tinha o quarto onde eu dormia com as crianças. Quando passei, vi o bercinho da Toia montado, vazio, e parei. Perguntei *cadê a Victória?* Meu pai percebeu meu desespero e tirou o berço rápido dali; levou pro quarto lá no fundo da casa. Aquela visão me doeu a alma. Deu vontade de morrer. Comecei a chorar. Foi a primeira vez que senti que a Victória não estaria mais ali. Depois, passei pelo quarto dos meus pais e, no final, ficava a cozinha. Os jornalistas já tavam me esperando lá.

Conversei um pouco com as minhas amigas. A doutora me chamou e me disse que tinha uma repórter pra quem eu tinha que dar entrevista, pois ela era a única que acreditava em mim; inclusive, foi ela que pagou pro Instituto de Criminalística de São Paulo liberar o laudo do meu exame. Foi aí que eu conheci a Cristina Cristiano, do *Diário de S. Paulo*. Dei uma entrevista grande pra ela. Eu devia isso pra ela e ela sim tava lá com permissão. Contei tudo o que tinha acontecido, desde o hospital-escola e o pronto-socorro até a minha soltura. Chorei bastante e a Cris (ela que me pediu pra chamar assim) também ficou emocionada.

Quando ela saiu, entrou outra repórter, a Laura Caproglione, da *Folha de S.Paulo*. Foi a mesma coisa. A única que me incomodou foi a fotógrafa dela, que não parava de tirar fotos de mim. Ela queria uma foto e subiu numa cadeira, depois subiu no armário da minha mãe pra pegar o ângulo melhor. Só faltava se pendurar no teto.

Dei mais algumas entrevistas para o Marcelo, do *Vale do Paraibano*, que hoje chama *O Vale*. Daí cansei. Precisava de um pouco de privacidade. Apesar de na minha família a gente não ter esse negócio de beijo, de abraço, essas coisas, eu queria ficar com eles. Queria sossego. Tomei forças e falei

Chega! Não quero mais. Tudo o que eu
já falei para um, já falei pro outro.
Vocês podem trocar informação
entre vocês. Eu não
vou falar mais.

Eu tava cansada e queria comer alguma coisa, tomar um banho. Isso não aconteceu. Começou a chegar um monte de gente em casa: a Leila, a Tereza, o Marcos, Lucilaine vieram trazer um colchão pra mim, que eu não tinha mais onde dormir. Depois chegou a Elisa, que conversou bastante comigo e falou pra eu tomar cuidado com a Zeneide, uma moça que trabalhava comigo no pronto-atendimento em Tremembé. Fiquei ressabiada. Quase em seguida, a Zeneide chegou.

Depois vieram quase todos juntos: a Luíza, o Ailton, o pastor Ubiratan, aquele que fez uma oração pra mim em Caçapava.

Aos poucos os repórteres se tocaram e saíram da casa. Os carros da Record, da Globo e do SBT ainda ficaram lá um tempo. Quando a Globo e o SBT entenderam que eu não ia mais dar entrevista, foram embora. Só a Record permaneceu. Ficou lá parada na frente da casa dos meus pais de plantão por uns três dias.

Só restaram meus primos e o pastor. O Fabiano chegou com o André e a dona Cleonice, mãe dele, que veio com aquele jeito prepotente dela de sempre. *Ah! Mas eu ainda quebro ela com minhas palavras e atitude! Ela vai ver. Arrogante.*

Pude conversar pouco com o Fabiano. Ele só perguntou se eu aceitava a aliança de volta. Aceitei.

Nossa, como eu tava com saudade do meu filho; como ele tava lindo. Me dei conta de que só cheguei até ali por causa dele. Não podia desapontá-lo. Pensei *mesmo ele não sabendo de nada, percebo que ele tá distante de mim. Mas eu vou mudar isso com a minha atitude. Ele acredita em mim, eu sinto. É aquele povo que deixa ele assim, preso.*

Logo eles foram embora e levaram o meu André. Foi aí que eu descobri que tinha perdido a guarda dele. O André agora morava com o Fabiano. *Vou recorrer e falar com a Dra. Gláucia sobre isso*, pensei. *Não quero ficar longe do meu filho. Se isso acontecer, eu morro mesmo.*

Quando achei que finalmente ia descansar, a minha amiga Stefanny, que saía do serviço às duas da manhã, chegou. A Stefanny era minha amiga mesmo, desde criança. Nunca esqueceu de mim.

Tomei banho enquanto ela ficou conversando comigo no banheiro. Eu tava louca pra me depilar, porque todo esse tempo em que fiquei presa não pude fazer isso. Tinham medo de que, se tivesse uma gilete, podiam fazer alguma coisa comigo. Ou que eu mesma fizesse alguma coisa. Confesso que se eu tivesse uma gilete ali, podia ter feito mesmo algo.

Depois que a Stefanny foi embora, peguei o meu rádio, joguei o colchão no chão e tentei dormir. Quem disse que eu conseguia? Minha cabeça rodava. Eu tava preocupada com as horas porque sabia que precisava acordar muito cedo. A Dra. Gláucia já tinha marcado uma entrevista no programa *Bom Dia*, da Olga Bongiovanni, na RedeTV!, em São Paulo, de manhã. Nós tínhamos que chegar lá, no máximo, às 7h30.

(Distante estou p/ me perder e em silêncio ouço você
sei onde estou p/ te esquecer)

mais uma vida jogada fora, um coração que já não bate mais
descansa em paz, sonhos que foram embora, sonhos que ficam pra trás

São Paulo, quinta-feira, 07 de dezembro de 2006

FILHA DE DANIELE PODE TER PIORADO POR ERRO

Laudo diz que menina morta em hospital de Taubaté e cuja mãe foi acusada de envenená-la pode ter recebido tratamento errado

Daniele, que também acusa residente do hospital de estuprá-la, acabou solta após passar 37 dias presa e ser espancada por detentas

Laura Capriglione
Da Reportagem Local

Quinze dias antes de morrer, Victória Maria do Prado Iori Camargo, de apenas um ano e três meses, foi levada de Taubaté, a 130 km de São Paulo, para uma consulta no Instituto da Criança do Hospital das Clínicas, referência internacional em pediatria. A menina tinha uma vasculite cerebral de causa desconhecida que a deixava, nas crises, inconsciente por várias horas. O Hospital das Clínicas emitiu parecer sobre o caso de Victória: uma possível causa do problema seria dosagem errada dos medicamentos usados para tratá-la. (...)

A informação sobre o parecer do Hospital das Clínicas foi confirmada à *Folha* pelo coordenador do Pronto-Socorro Infantil de Taubaté, Ciro João Bertoli, e pelo diretor-técnico do Hospital da Universidade de Taubaté, Milton Peres. O hospital de Taubaté era onde se aviavam as receitas de remédios para Victória. (...)

Não houve tempo de checar a consistência da suspeita levantada pelo Hospital das Clínicas. No dia 29 de outubro, Victória morreu no PS Infantil. A mãe dela, Daniele Toledo do Prado, 21, foi acusada, imediatamente após a confirmação do óbito, de ter envenenado a filha com cocaína colocada na mamadeira. (...)

O diretor do PS Infantil (que também é professor de medicina na Unitau) estava presente quando a pequena Victória morreu, depois de três paradas cardíacas. Na ocasião, Bertoli tinha conhecimento da suspeita de que os remédios usados para tratar a criança estivessem piorando o seu quadro clínico. Ele não quis comentar a prisão de Daniele, a partir de um laudo preliminar: "Isso não é problema meu, é da polícia".

Daniele era bem conhecida no pronto-socorro e no hospital universitário. Com o agravamento do quadro clínico de Victória, os últimos quatro meses de vida da criança foram um entra e sai do hospital, com internações na UTI, sempre acompanhadas pela mãe.

Segundo Milton Peres, do Hospital da Unitau, o acusado foi afastado por 30 dias da universidade. Ouvido na sindicância interna, "o rapaz jurou de pés juntos que não violentou ninguém", relata Peres. Como o prazo de afastamento expirou, o acusado retomou suas atividades normais.

Fonte: <http://www1.folha.uol.com.br/fsp/cotidian/ff0712200627.htm>.

31.

Cochilei e acordei às 5h30. Me arrumei e fiquei esperando. A doutora chegou com o marido no carro da emissora e fomos direto pra Alphaville. Lá, todo mundo me olhava como se eu fosse um ET. Pensei *ETs são eles, que ganham dinheiro noticiando a desgraça das pessoas e não olham pro próprio rabo.*

Eu tava morrendo de sono e fechei os olhos na sala de espera. Quando eu tava quase cochilando, chamaram eu e a doutora pra subir no estúdio do programa. Como é diferente ver o programa feito ali na hora. Em casa, quando assistimos, parece tudo bonito. Não é, não. É estranho, é cabuloso.

A tal Olga é seca e metida. Fiquei muito nervosa. Parecia que tava todo mundo duvidando de mim. O que importava é que eu sabia que era inocente e as pessoas que se danassem (gostaria de pensar sempre assim, mas tem hora que esmoreço e choro, não aguento a pressão). Acabou a entrevista, que durou praticamente o programa inteiro. Quando saí, recebi uma proposta do programa de um tal de Gasparetto. Nem conhecia ele, falei que ia pensar. Eu não tava querendo *merchand* com a minha imagem, não.

Viemos embora. Paramos pra almoçar num restaurante na Rodovia dos Trabalhadores. Na mesa, lembrei que, quando levava a Toia no médico em Sampa, eu parava naquele mesmo lugar pra dar almoço pra ela. Chorei. *Puta que pariu, que saudade da minha branquelinha, que falta ela tá fazendo. Por que tem que ser assim?*

Depois que almoçamos, ligaram no celular do motorista falando pra gente voltar e gravar mais um programa. Aí eu fiquei brava. Disse que não ia gravar e queria ir embora. A doutora aceitou a minha opinião. Falaram pro motorista que eu não ia gravar mais nada naquele dia.

No caminho pensei *vou chegar em casa, dormir e descansar*. Só que quando cheguei lá, tinha aquele monte de repórteres me esperando na porta. *Bosta, eles não respeitam ninguém.*

Entrei no quarto e um fotógrafo conseguiu tirar uma foto minha do lado de fora, pelo espelho. Fechei a porta. Obviamente não conseguia dormir, só deu pra descansar um pouco. Eu queria sossego. E era tudo o que eu não tava tendo.

Observatório da Imprensa

Circo da Notícia > Assassinato de Reputações

PALAVRA QUE FERE, PALAVRA QUE MATA

Por Carlos Brickmann em 12/12/2006 na edição 314

Aconteceu de novo: uma moça, Daniele Toledo do Prado, de Taubaté, detida pela acusação de matar seu bebê por overdose de cocaína, foi estripada pela imprensa, que mais uma vez aceitou como verdade aquilo que não passava de uma suspeita da polícia. Devido ao noticiário, que a tratou como Monstro da Mamadeira, a moça foi espancada por 19 presidiárias na Cadeia de Pindamonhangaba e teve o maxilar quebrado. Por pouco não foi morta.

Só que, concluído o laudo, verificou-se que não havia cocaína no bebê. A história toda era uma invenção. A imprensa está noticiando o caso em detalhes – todos os detalhes, menos um: a cumplicidade da própria imprensa na destruição da vida da jovem mãe. O principal jornal da região publicou, pouco mais de um mês atrás, frases como "a mulher foi presa domingo depois que sua filha morreu, às 10h40, após uma parada cardiorrespiratória provocada por overdose de cocaína". Um portal de internet abriu com "Mãe que deu cocaína à filha deixa o hospital e é isolada". Um dos maiores portais do país quase justificou a atitude das presas que espancaram a moça, "revoltadas com a brutalidade do crime".

E como a imprensa está tratando seu próprio papel neste crime? Boa parte dos veículos de comunicação – excetue-se o ombudsman da *Folha de S.Paulo*, Marcelo Beraba, jornalista de primeiro time, que entrou fundo no caso – finge que não tem nada com isso: apenas informa que houve equívoco, bota a culpa na polícia e numa médica chamada [illegible], cujo sobrenome não é divulgado, e se cala sobre o noticiário cúmplice que publicou.

Um gigantesco portal de internet foi mais longe: seu título original foi "Mãe mata bebê com cocaína na mamadeira e é indiciada". Na quarta-feira (6/12), comprovada a inocência da mãe, discretamente mudaram o título antigo para "Mãe suspeita de matar bebê com cocaína é indiciada". É a prova da culpa: tentam reescrever a História. Colocaram o título correto só depois que o mal já estava feito.

Fonte: <http://observatoriodaimprensa.com.br/circo-da-noticia/palavra-que-fere-palavra-que-mata/>.

32.

Apesar da minha dor, a partir daí, todo dia eu tinha uma entrevista pra dar. Ninguém queria saber. Muitas pessoas que acreditavam em mim e queriam me ver não iam até a casa da minha mãe porque não queriam se expor.

E todo fim de tarde eu saía na porta pra falar com os jornalistas. Tinha que dizer pra eles como eu tava, como que eu não tava. Pra poder sair no portão eu tinha que ficar esperando a advogada chegar. Ela dizia que eu não podia dar entrevista sozinha. Só com ela. Aí eu ficava esperando ela chegar pra poder falar.

Não tinha muito o que contar. Eu ficava o dia inteiro deitada, ouvindo música, almoçava. Pensava na Victória, pensava no André, pensava no que tinha acontecido na minha vida, chorava. Era tudo o que eu fazia. Na terça, quis pintar meu cabelo, a raiz tava grande. Não queria ser seguida pela imprensa de novo. Meu amigo veio e colocou o carro na calçada dos meus pais, bem perto do portão. Coloquei um pano na cabeça e entrei rápido no carro.

Enquanto isso, a Dra. Gláucia negociou uma entrevista exclusiva no *Fantástico*. O *Domingo Espetacular* também queria que eu falasse com eles de qualquer jeito. Só que eu já tinha assinado um contrato com a Globo e não podia quebrar. Foi aí que começou uma perseguição da Record. Eu, que já tinha que me proteger de um monte de gente, agora tinha que me proteger da imprensa também.

A Dra. Gláucia me levou pra casa dela pra me esconder. Eu não podia dar entrevista pra outro canal. Falaram pros jornalistas da Record que eu tava em São Bento do Sapucaí. A campainha tocou. Era o Paulo Henrique Amorim que tava na porta. Eu corri e me escondi no corredor; ele entrou.

Ele tava me procurando. Queria saber de todo jeito onde eu tava. Chamou o bairro da minha mãe de periferia, magoando a gente. A Dra. Gláucia disse pra ele que eu tava viajando. Ele ficou indignado com a resposta

Como assim? Ela pode viajar? Mas ela acabou de receber o habeas corpus*!*

Eu não podia ver, mas conseguia ouvir aquela voz nasalada dele dizendo

Vou até a delegacia avisar o delegado.
Ela pode foragir!

Foi o que ele fez. Foi até a delegacia denunciar que eu tava fora da cidade e que podia foragir. Mas ele teve que ouvir do delegado que eu podia ficar até trinta dias fora da cidade. Eu não precisava de permissão.

Foi aí que minha mãe conversou com a Tereza , a tia-avó da Victória, e falou pra ela que a situação tava difícil. A Tereza disse *se quiser, eu levo a Daniele por uns dias pra Ubatuba.*

33.

Tereza me levou pra casa de uma amiga dela, a Sandra. Ela tem uma casa simples na Praia do Léo, em Ubatuba. Era uma praia muito bonita, com muitas pedras, perto da casa do Clodovil. Tinha que atravessar uma floresta pra chegar.

Gosto muito de natureza. De olhar o mar, de nadar. Lá fizeram peixe pra gente comer. Tentei ficar o mais reservada possível. Passava o dia na beira da praia, olhando o mar. Tava muito nervosa. Precisava me acalmar.

A dor que eu sentia era do tamanho de um prédio. De uma cidade. Tive muitos altos e baixos nesse período. Acordava dentro de um sufoco da alma, sem ar, pensando na Toia. Não dormia mais. Tava bem mais traumatizada e mais sensível do que na época da prisão. E bem debilitada. Meu olho direito ainda estava roxo, tremia sozinho e eu não estava enxergando. Tinha dificuldade de pegar as coisas, de levantar os braços. Meu ombro estava mais baixo e eu não mastigava direito. Sentia dores pelo corpo inteiro. Refletia sobre as coisas boas e as ruins. Sentia meu futuro naufragar. Via a Toia costurada correndo pelos corredores do cemitério me chamando, chorando por mim, eu dormindo e acordando, querendo me mover sem conseguir mexer nem um dedo, como se tivesse presa de novo, o corpo inteiro. Já não sabia se aquilo era sonho ou era realidade. Como ficaria minha saúde dali pra frente?

Eu pensava muito em morrer. Achava que não ia conseguir sair absolvida do processo. Porque, na minha cabeça, pobre no Brasil só se ferrava. Pensava que tinham armado uma trama tão grande e pesada pra mim que eu não ia conseguir escapar. Que não ia conseguir fazer mais nada. Achava que tudo tinha acabado. Talvez o melhor mesmo, pra todo mundo, era eu morrer. Já tinha decidido: pra cadeia, eu não voltava mais.

Lembrava dos planos que tinha pra Victória. Sonhava com um futuro pra ela. Queria que ela fosse alguém. Ninguém imagina o destino.

Também pensava muito no André. Tinha muita saudade dele. Quase não via o meu filho. *Como ia cuidar dele desse jeito? Como ia ser a vida dele dali pra frente? Como ia ser, na cabeça dele, ter uma mãe acusada de matar a irmã dele? Como ia ser na escola pra ele? Será que não era melhor eu morrer mesmo, para ele não carregar esse fardo?* Para aliviar todos esses pensamentos, eu cantava muito as músicas evangélicas. Era a única forma de continuar.

Como o meu celular tinha sido confiscado, eu pedia o celular da Tereza emprestado pra poder conversar com o André. Lá o sinal não pegava, por isso a gente tinha que ir mais perto da cidade pra falar.

Numa dessas saídas, alguém me viu na praia da Enseada. Os repórteres, que continuavam me caçando, souberam na hora. Ligaram da casa da Tereza, de Taubaté, para Ubatuba e avisaram

Tereza, tira a Dani daí que os repórteres descobriram que ela tá aí e tão descendo!

Ficamos mais ou menos quinze dias naquela praia. Foi o tempo de sair a reportagem do *Fantástico*. Depois fomos embora, porque a advogada já havia marcado entrevista em outro programa, na segunda: o programa da Hebe.

34.

Fui dar a entrevista no programa da Hebe, no SBT. Falei pra ela

> *Você falou que tinha um monstro na sua cidade, Hebe. Mas não tem um monstro só, não: tem vários. Tem monstro vestido de médico, tem monstro vestido de juiz, tem monstro vestido de delegado.*

Essa parte da gravação eles editaram e cortaram.

◊

No fim do programa, a Hebe foi me procurar. Queria saber o número da minha conta pra fazer um depósito. Eu não tinha conta no banco. Passei o contato da advogada.

Depositaram pra ela R$ 200 mil reais. Eu nunca vi a cor desse dinheiro.

Revista Época

Teste reprovado

A polícia realiza prisões com base em um exame para detecção de cocaína que não é 100% eficaz

O blue test é um kit que pode ser comprado em qualquer farmácia dos Estados Unidos. Ele serve para detectar a presença de cocaína. A base do kit é o reagente tiocianato de cobalto, que adquire a cor azul em presença da substância – daí o nome Blue (azul, em inglês). Existe uma polêmica no Brasil em torno desse teste desde que a polícia de São Paulo começou a usá-lo – e constatou que sua eficácia não era de 100%. O caso mais gritante veio à tona na semana passada. Daniele Toledo do Prado, de 21 anos, moradora da cidade de Taubaté, foi solta depois de ficar 37 dias na cadeia. Ela havia sido acusada de matar a própria filha, de 1 ano e 3 meses, por overdose de cocaína. Daniele foi libertada depois de a polícia ter concluído que a análise que detectou a droga na boca da pequena Victória estava errada. (...)

O diretor do Centro de Exames, Análises e Pesquisas do Instituto de Criminalística da polícia de São Paulo, Osvaldo Negrini, diz que o Blue Test é de boa qualidade. Mas que sua eficácia depende da maneira como é utilizado. "Qualquer outra substância misturada ao pó pode alterar o resultado", afirma.

Fonte: <http://revistaepoca.globo.com/Revista/Epoca/0,,EMI55865-15223,00-TESTE+REPROVADO.html>.

35.

Logo depois que saí, houve esse burburinho entre os jornalistas:

A Band foi na porta do condomínio Vale do Sol, em Tremembé, onde a Dra. Patrícia morava. Queriam falar com ela. O segurança que tava na guarita disse que ela não queria falar com ninguém e que ela nem tava lá naquele momento. Mas chamou o jornalista de lado, e falou

Olha, tem uma coisa muito estranha.
Esse médico que tá sendo acusado
de estuprar a moça sai com
a Dra. Patrícia.
Ele sempre deixa ela aqui na
porta do condomínio.

Perguntaram pra ele se topava dar entrevista. Disse que só se fosse por muito dinheiro – dinheiro que desse pra ele sair de Taubaté e manter a família em outro lugar. Porque ali era coisa de gente muito graúda. Se ele falasse, ia correr risco.

Não quiseram ir em frente com isso. Foi o jornalista que contou isso em *off* pra mim e pra Dra. Gláucia. Outros jornalistas ali perto também ouviram.

Teve outros repórteres que chegaram a falar dessa desconfiança. Nunca ninguém chegou a ir a fundo.

Eu não posso afirmar nada.

36.

Nenhum veículo se preocupou em proteger minha imagem quando tudo aconteceu. E nenhum veículo teve coragem de citar o nome do médico que me estuprou e da médica que me acusou injustamente. O único foi o apresentador Ratinho, do SBT.

Ele falou o nome da Dra. Patrícia no programa. Disse que o monstro era ela, que ela não era médica coisa nenhuma. Arrebentou com ela no ar.

A Dra. Patrícia entrou com uma ação contra o SBT. Recebi uma intimação pra ser testemunha, só que o SBT falou que eu não precisava ir, por tudo o que eu já tinha passado.

A doutora perdeu a ação. E não foi em frente porque sabia que poderiam abrir um processo criminal contra ela. Ela achou melhor se recolher. Sabia que tava errada.

625.01.2010.028003-4/000000-000 – nº ordem 1449/2010 – Indenização (Ordinária) – [redacted] X TV SBT – EMISSORA DO SISTEMA BRASILEIRO DE TELEVISÃO E OUTROS – VISTOS, Trata-se de ação indenizatória ajuizada por [redacted] contra TV SBT – EMISSORA DO SISTEMA BRASILEIRO DE TELEVISAO e CARLOS MASSA. Narra a autora, em síntese, que, num programa apresentado pelo corréu na emissora ré, foi exibida reportagem com cunho tendencioso em seu desfavor, induzindo o publico à conclusão de que teria sido ela, demandante, a responsável pela acusação que levou à prisão a mãe da menina Victória, falecida em out/2006 com suspeita de ingestão de substância entorpecente, supostamente como decorrência de ato da mãe. A autora aponta várias deturpações nas reportagens, até porque ela não se encontrava de plantão quando foi procurada pelo repórter do programa, e várias colocações feitas pelo corréu que denegriram sua imagem. Pede a condenação dos dois demandados ao pagamento de danos morais estimados em R$ 60.000,00. DELIBERO. I – Fls.86/90: Diante do recolhimento das custas iniciais, especialmente taxa judiciária, CONHEÇO da ação. II Aprecio o pedido liminar. A antecipação de tutela aqui pedida não está associada a uma postulação principal que envolva a divulgação da reportagem. Em outras palavras: a autora deduz pretensão principal de natureza exclusivamente indenizatória. Logo, a conclusão a que se chega é que a medida de urgência, se deferida, ficaria isolada porque não mais seria debatida para ser, ou não, confirmada em definitivo provimento jurisdicional. Concedo o prazo de 10 (dez) dias para que a autora emende a petição inicial, sob pena de não ser conhecido desde pedido em específico, ou seja: admitir-se-á a ação exclusivamente quanto ao pedido indenizatório. III – Int. – ADV RIVALDO VALERIO NETO OAB/SP 221288 – ADV DENISE MARIA PERUCHIOAB/SP 256239

625.01.2010.028003-4/000000-000 – nº ordem 1449/2010 – Indenização (Ordinária) – [redacted] X TV SBT – EMISSORA DO SISTEMA BRASILEIRO DE TELEVISÃO E OUTROS – Diante do exposto, JULGO IMPROCEDENTE a pretensão inicial que [redacted] move contra TV SBT – EMISSORA DO SISTEMA BRASILEIRO DE TELEVISÃO e CARLOS MASSA, condenando a vencida ao pagamento das despesas processuais e honorários advocatícios, que arbitro em R$ 1.000,00, aos patronos de cada um dos requeridos. P.R.I. Taubaté, 22 de fevereiro de 2012. Márcia Rezende Barbosa de Oliveira Juíza de Direito VALOR DE CUSTAS DE PREPARO R$ 1.287,12 – PORTE DE REMESSA R$ 50,00 (02 VOLUMES) – CÓD. 110-4 GUIA FDTJ. – ADV RIVALDO VALÉRIO NETO OAB/SP 221288 – ADV DENISE MARIA PERUCHI OAB/SP 256239 – ADV GILBERTO LUPO OAB/SP 27014 – ADV MARCELO MIGLIORI OAB/SP 147266 – ADV MARINA DE LIMA DRAIB ALVES OAB/SP 138983 – ADV FABIANA APARECIDA CAZARINE DE ALMEIDA OAB/SP 200606 – ADV Dr. Guilherme de Salles Gonçalves OAB/PR 21989 – ADV CARLOS HENRIQUE DE MATTOS SABINO OAB/PR 36546

37.

Eu tava livre, mas ainda tinha que provar a minha inocência. Eu não podia nem mais ir à reunião de classe do meu filho, pra não causar problemas para ele na escola. Fiquei com sídrome do pânico e passei a não sair de casa sozinha com medo de que me reconhecessem e me espancassem novamente.

Fui solta com o resultado de um exame da Victória que deu negativo pra cocaína. Daí por diante, foram saindo os resultados de vários exames dela: das vísceras, da urina, do sangue. Da mamadeira.

Também saíram os resultados dos exames que fiz pra provar que eu não tava nem alcoolizada nem drogada naquele dia. Deu negativo pra todos, de acordo com o Instituto de Criminalística de São Paulo.

Cada vez que um exame era divulgado, a imprensa voltava a bater na minha porta. A mesma coisa acontecia com as audiências.

Revista Consultor Jurídico

Inocente, mãe ainda responde criminalmente pela morte da filha

27 de outubro de 2007, 10h47

Um ano depois de comprovar que não matou a própria filha, Daniele Toledo do Prado, de 22 anos, continua respondendo pelo crime de homicídio duplamente qualificado com overdose de cocaína. "A Justiça é rápida para errar e lenta pra corrigir o erro", desabafa a jovem, revoltada com a demora do processo e com a acusação. A reportagem é da jornalista Simone Menocchi, do jornal *O Estado de S. Paulo*. (...)

Três exames definitivos mostraram, na época, que não havia nenhum resíduo de cocaína na mamadeira e a Justiça decidiu libertar Daniele por falta de provas. Mais tarde, exames das vísceras do bebê também comprovaram a inexistência da droga. (...) Mesmo assim, o Ministério Público manteve a acusação. A advogada não descarta a possibilidade de Daniela ir a júri popular. Segundo a advogada, o MP poderia ter feito um aditamento modificando a denúncia. "Pedimos o encerramento do processo, mas o Tribunal de Justiça negou, alegando que Daniele não sofre constrangimentos", disse A Justiça ainda não sabe a causa da morte da menina e por este motivo mantém a acusação. (...)

Daniele está em liberdade provisória, mas sai raramente de casa. Ela tentou pedir emprego, mas não conseguiu: "Tenho medo da reação das pessoas quando me olham, de lidar com o público e as pessoas ficarem me apontando, como ainda acontece", diz. "Eu me sinto aprisionada, revoltada. Não confio na Justiça."

Fonte: <http://www.conjur.com.br/2007-out-27/inocente_mae_ainda_responde_morte_filha>.

◊

A primeira audiência foi em fevereiro de 2007. O juiz queria me ouvir. Não tinha nada pra esconder e fui o mais verdadeira que pude. Só eu falei naquele dia.

A segunda audiência foi só seis meses depois, em agosto. O juiz queria ouvir as minhas testemunhas de defesa. Quando eu vi a imprensa toda de novo lá, travei. Parecia um filme que tava voltando na minha cabeça. Não conseguia falar e só chorava. Tirando isso, até que foi tranquilo. Quem participou foi a avó paterna da Victória. Ela era uma das depoentes mais importantes. Porque, se ela quisesse podia falar alguma coisa contra mim – eu não tava mais com o filho dela. Mas não; ela me defendeu. A coordenadora da Casa da Mãe Taubateana, onde eu fiz o pré-natal, também falou bem de mim. Depois, falou a minha amiga Célia, que era conselheira tutelar. Por último, foi o depoimento da Tereza, que é tia do pai da Victória.

O depoimento dela foi o que mais me marcou. Ela chorou. Contou como eu era como mãe, que ela não acreditava naquelas acusações porque sabia que eu tinha os meus erros do passado e, com tudo isso, como mãe, eu era exemplar. A Tereza contou que via as coisas da Victória sempre arrumadas e via como eu, por ser moça e ter apenas 21 anos, anulava toda a minha vida pra cuidar da minha filha.

◊

A terceira audiência foi só ano seguinte, pra ouvir as testemunhas de acusação. Fiquei receosa do que eles poderiam falar. Eu sabia que não tinha agido mal, a coisa toda é que eles podiam distorcer os fatos.

Primeiro falaram duas auxiliares de enfermagem do pronto-socorro. Elas contaram o que aconteceu no quarto no dia em que a Victória morreu. Disseram que pediram pra elas recolherem o material da boquinha dela. Que eu sempre tava com a criança, com ar de preocupada, e que não tinham mais o que falar de mim.

Depois falou a Dra. Rosângela, médica-chefe do plantão do pronto-socorro. Ela foi representando a Dra. Patrícia, que não apareceu. Nunca tinha visto essa doutora no hospital. Ela não tinha o que falar de mim, apenas disse que me achou muito estranha no dia da morte da Victória, que parecia que eu tava drogada.

Daí foi a vez do Dr. Pedro Arcanjo, neuropediatra do hospital-escola. Ele atendia a Victória quando ela era bebezinha e começou a apresentar as crises convulsivas. Eu tinha medo do que ele poderia dizer. Por ser médico, a palavra dele valia mais que a minha e ele podia falar que eu tinha má conduta como mãe. Tava preocupada porque quando saíram os laudos que deram negativo para cocaína, também deram positivo pra barbitúricos e diazepínicos. Esses medicamentos foram receitados por ele, mas eu não achava mais a receita. Como eu ia provar que esses medicamentos tinham sido prescritos?

O remédio era controlado e eu pegava na farmácia da Prefeitura. Como ficava uma via da receita na farmácia, abri um protocolo pra pegar a cópia. Só que eles também não achavam a receita. A pasta tinha sumido.

Meu receio era o médico falar que não tinha prescrito a medicação pra Victória. O juiz questionou o Dr. Pedro sobre essas medicações. Perguntou se ele tinha prescrito o remédio e se a dosagem que aparecia no laudo tava certa. Ele confirmou tudo. Disse que sim, foi ele quem prescreveu a medicação e que controlava a dosagem a cada quinze dias, pedindo pra ver se estava adequada ao peso e à idade da Victória. Ele também disse que, de acordo com os exames do Instituto de Criminalística, a dosagem estava adequada. O Dr. Pedro ainda falou que eu era uma mãe zelosa, que não tinha nada pra falar de mim. Que eu até era uma mãe que discutia e brigava com os médicos, mas agia assim porque queria o melhor tratamento pra minha filha. Ele foi bem verdadeiro e as palavras dele ajudaram muito na minha absolvição. Fiquei aliviada.

Quando o juiz já tinha terminado, chegaram dois depoentes atrasados: o delegado que foi na casa da minha mãe e apreendeu a mamadeira que disseram que tinha cocaína e um conselheiro tutelar. Como eles chegaram tarde, o juiz não quis mais ouvir. Seis pessoas deveriam ter prestado depoimento, mas só quatro foram ouvidas.

A audiência que tava marcada pras 14 horas terminou quando o céu já escurecia.

38.

O meu noivo era muito ciumento. Tinha um sentimento de posse comigo. Achava que eu era propriedade dele.

Logo que eu saí da prisão, a gente não tinha tempo pra se encontrar. Falava mais por telefone. E ele ficava bravo, achava que eu dava mais bola pra advogada e pra Tereza do que pra ele.

Foi aí que ele começou a ser agressivo comigo.

Só que comecei a frequentar a igreja evangélica e aí a gente resolveu casar. Eu achava que, a gente casando, ele ia ver que eu tava com ele o tempo todo e o cíume ia passar.

Eu não me dava muito bem com a mãe dele. Meu pai e minha mãe faziam pressão pra eu me casar porque eu já tinha dois filhos. Pra eles, o Fabiano parecia o genro perfeito, porque levava a mistura e a cesta básica do começo do mês.

A Tereza já tinha visto que eu não estava feliz e disse *não casa*. Apesar de ser nova, eu achava que nunca mais ia conseguir outra pessoa, por já ter um filho e já ter sido presa.

A igreja deu uma festa de presente pra gente e casamos em abril de 2008.

Foi a maior burrada que eu fiz: saí de uma prisão e entrei em outra.

Polícia reconstitui estupro em hospital de SP

A reconstituição foi feita com a vítima no hospital

19 de fevereiro de 2008 • 16h17 • atualizado às *17h08*

A Polícia Civil fez, na noite de ontem, no Hospital Universitário (HU) de Taubaté, a reconstituição de um caso de estupro ocorrido no dia 8 de outubro de 2006. Daniele Toledo do Prado, 23 anos, disse à polícia, naquele ano, que havia sido estuprada por um aluno do curso de Medicina da Universidade de Taubaté (Unitau), quando frequentava o HU para visitar sua filha, que estava internada. O nome do suspeito não foi divulgado pela polícia.

Daniele internou sua filha, Victória Maria do Prado Iori Camargo, no Hospital Universitário com sintomas de convulsões e vômito. No dia 8 de outubro, com sua filha ainda internada, Daniele teria sido estuprada dentro do hospital por um estudante do quinto ano de medicina. Segundo o relato de Daniele, sua filha seria ameaçada caso ela não consentisse em ter relações sexuais com o estudante.

A reconstituição durou cerca de uma hora e meia e Daniele chorou muito ao ter que voltar ao quarto onde sua filha estava internada. Victória tinha 1 ano e 3 meses quando morreu no dia 29 de outubro.

(...)

Fonte: <http://noticias.terra.com.br/brasil/noticias/0,,OI2470594-EI5030,00-Policia+reconstitui+estupro+em+hospital+de+SP.html>.

39.

No segundo semestre de 2008, começou a eleição municipal.

A Dra. Gláucia tava entrando como candidata a vereadora em Taubaté e chegou em casa com uma proposta pra mim: perguntou se eu queria fazer panfletagem pra ela. Eu me sentia em dívida com ela, achava que ainda tinha alguma obrigação porque ela me tirou da cadeia. Sabe quando você tem gratidão pela pessoa? Pensava *ela me ajudou, não tinha interesse nenhum...* E eu também tava sem emprego, sem nada, precisando de dinheiro. Aceitei. Ela ia me pagar meio salário mínimo.

Meu serviço era entregar panfletos em toda a Taubaté. Cada dia a gente ia num bairro onde tinha comício. Ela queria que eu batesse na porta das casas e falasse como era o trabalho dela, como ela era como pessoa.

Algumas vezes, a Dra. Gláucia e o marido acompanhavam a panfletagem. Aí eu tocava a campainha

Boa tarde. Eu tô aqui representando a Dra. Gláucia Monteiro, candidata a vereadora. Ela é uma advogada com muitos anos de advocacia, e defendeu aquela moça que...

(Eu não falava que era eu.)

Ah! Mas não é você?
Então, sou eu sim...

Quando a Dra. Gláucia ou o marido não tavam perto, eu não batia na porta nada. Só jogava o papel e ia embora. A gente nunca era bem recebida. Se tivesse alguém na rua, eu dava o panfleto. Mas não ficava falando, não. Só quando eles tavam por perto.

Não aguentava mais andar no sol forte de Taubaté o dia inteiro, sem alimentação. Eu não sabia, mas já tava desenvolvendo uma anemia severa e começando a ficar muito doente.

No dia 27 de agosto de 2008, a panfletagem era na Chácara São Silvestre, um bairro bem simples e distante do centro da cidade. Já era fim de tarde e eu já tinha feito o trabalho. Tava muito fraca e cansada. O marido da Dra. Gláucia foi me buscar num Palio branco.

Na época, apesar de ele ter os seus 38, 40 anos e ser um pouco mais velho que a Dra. Gláucia, trabalhava como estagiário dela. Estudava Direito na Unitau e se apresentava como Alberto Monteiro. Ele usava o mesmo sobrenome dela, mas, na verdade, o sobrenome dele é Nunes. Era policial e mudou de nome depois que foi preso na corregedoria da polícia por corrupção e perdeu o distintivo. Foi lá que conheceu a Dra. Gláucia. Ela engravidou quando visitava ele na cadeia e eles tiveram um filhinho, o Gabriel, que na época devia ter os seus três ou quatro anos.

No caminho de volta, ele me disse

Daniele, tenho uma notícia pra te dar:
a sua sentença saiu...

Fiquei eufórica.

Eu não vou ser presa de
novo não, né, Alberto?
Presa, não. Você só vai ter que
cumprir pena comunitária.
Por que pena comunitária? Eu não
sou culpada! Não vou fazer isso, não!
Eu faria serviço pra comunidade de
boa vontade se fosse preciso, mas por
condenação eu não faço não!
Se não fizer, vai ser presa de novo, Daniele.

Entrei em pânico. Eu não ia voltar pra cadeia, não ia. Eu ia me matar.

Chegamos na casa da Dra. Gláucia, que ficava num bairro bem simples de Taubaté. A casa tinha sido de uma tia que ela cuidava. A doutora ficou com a casa e, depois que eu saí da cadeia, ela reformou tudo. Botou até portão elétrico e câmeras na frente.

Tinha carros da imprensa na porta. Ela me chamou direto para o escritório dela. Quando entrei, vi alguns jornalistas lá. A Dra. Gláucia me entregou um papel e disse *lê.*

Eu não tô conseguindo ler, Dra. Gláucia...

O papel tremia muito na minha mão.

Lê só o final.

Nem isso eu conseguia.

Você foi inocentada. E não foi por falta de provas. O juiz deu indeferido. Você não é acusada de mais nada.

Tiraram fotos e dei mais uma entrevista ali na hora. Quando acabou, falei que queria ir pra casa.

Estadao.com.br

Mãe acusada de pôr cocaína na mamadeira da filha é inocentada

Juiz não ficou convencido do crime por falta de provas que a responsabilizassem; ela perdeu parte da audição

Fabiana Marchezi

02 Setembro 2008 | 15h20 – Atualizado: 02 Setembro 2008 | 21h 34

A Justiça de São Paulo inocentou na última sexta-feira, 29, a dona de casa Daniele Toledo do Prado, de 23 anos. Em outubro de 2006 ela ficou 37 dias presa, acusada de matar a filha Vitória Maria do Prado Iori Camargo, de 1 ano, por colocar cocaína no leite da mamadeira. "Eu merecia isso depois de tanto sofrimento", disse a mãe da criança nesta terça-feira. De acordo com a Justiça, o juiz Marco Antônio Montemór, da Vara Criminal de Taubaté, no Vale do Paraíba, considerou a denúncia improcedente. Em sua sentença, o magistrado diz que "não foi convencido da materialidade do crime e não há provas diretas ou indiretas que incriminem a acusada". A absolvição de Daniele foi pedida, inclusive, pelo promotor João Carlos Camargo Maia, que a havia denunciado por homicídio duplamente qualificado, por motivo fútil e meio cruel, pedindo pena de 280 anos de cadeia. Na época, a denúncia foi feita com base em laudo preliminar, que acabou desqualificado quando o Instituto Médico Legal e uma contraprova deixaram claro que não havia cocaína na mamadeira. Ainda na sentença, o juiz declarou que "não se mostrou, ainda e finalmente, que alguma ação ou omissão materna tenha relevância causal inequívoca (ou suposta que fosse, ainda que por mera suspeita), com o resultado morte, cuja causa também é desconhecida". Segundo Daniela, nos próximos dias deverá ser aberto um processo contra o Estado por danos morais e materiais. Ela ainda vai pedir a reabertura do processo para apurar a morte da filha. "Espero que desta vez a justiça não seja feita às avessas. Quero saber se houve negligência ou qual o verdadeiro diagnóstico", reclamou. O delegado seccional de Taubaté, Roberto Martins de Barros, preferiu não comentar o assunto. A médica que estava como plantonista no dia da morte da criança, , não presta mais serviços para o Pronto-Socorro da cidade e não foi localizada. O diretor de Departamento de Saúde de Taubaté, Pedro Henrique Silveira, também não foi localizado.

(...)

Fonte: <http://sao-paulo.estadao.com.br/noticias/geral,mae-acusada-de-por-cocaina-na-mamadeira-da-filha-e-inocentada,234947>.

◊

O processo foi extinto porque a acusação não tinha materialidade. Eu era inocente.

O processo por estupro continuou, até que foi arquivado por falta de provas. Perderam o material coletado no dia em que fui violentada.

Cheguei em casa e tomei um banho. Tava aliviada, mas só um pouco. O que eu sentia mesmo era um vazio. Pensava que quando viesse a sentença eu ia ficar bem. Que com a sentença aquela saudade que eu sentia da Victória ia acabar. Não foi isso o que aconteceu.

Pensei no André, que tava na casa da minha mãe.

Acabei dormindo.

◊

No dia seguinte, fui pra casa da minha mãe pela manhã e contei o que tinha acontecido. Ela já tinha visto no jornal.

Almocei e fiquei esperando o marido da Dra. Gláucia me buscar pra fazer mais panfletagem. Ele chegou, entrei no carro. Ele disse que naquele dia eu não ia fazer panfletagem. Eu tinha mais uma entrevista.

PODER JUDICIÁRIO/SP
Vara do Júri e da Infância e da Juventude
da Comarca de Taubaté

provas diretas ou indiciárias da autoria delitiva irrogada à acusada, outro caminho não resta que não a impronúncia reivindicada pelas partes.

Isto posto, e por tudo mais que dos autos consta, **IMPRONUNCIO** a acusada **DANIELE TOLEDO DO PRADO**, RG nº 34.101.458/SP, e julgo **IMPROCEDENTE** a denúncia oferecida contra ela, nos termos do art. 414 do Código de Processo Penal.

P. R. e Int.

Taubaté, 29 de agosto de 2008.

MARCO ANTÔNIO MONTEMÓR

Juiz de Direito

40.

Apesar de já ter passado quase dois anos da minha prisão, a Dra. Gláucia ainda não tinha entrado com processo nenhum pra pedir minha indenização. Ela dizia que eu precisava ser absolvida antes, aí o pedido ia ter mais crédito.

Eu tava muito doente, com uma anemia cada vez mais forte, quando a Dra. Gláucia disse que eu precisava assinar uma procuração de plenos poderes para entrar com as ações de danos morais contra as emissoras e contra o Estado. Ela ia ficar com 20% do que eu ganhasse. Essa seria a forma que ela ia ganhar.

Eu não aguentava direito ficar andando, saindo, mas tinha que dar os meus dados pessoalmente no cartório. Então fui no cartório com ela e com meu marido pra entrar com o pedido da procuração, que dava poder pra ela me representar.

A cartorária que atendeu a gente disse que tinha obrigação de falar pra mim o que essa procuração abrangia. Ela disse

É dever da gente explicar pra pessoa o
que essa procuração faz. Quer
que eu leia pra você?

As cláusulas eram enormes. A Dra. Gláucia falou que não precisava, não. Mas a cartorária insistiu, disse que era obrigação dela. E me explicou que aquela era uma procuração de plenos poderes. De quando a pessoa não tem suas faculdades mentais em boas condições. A Dra. Gláucia poderia até casar em meu nome. Era como se ela tivesse tomando conta da minha vida. Falei

Nossa, mas tudo isso?

Aí a Dra. Gláucia disse

Querida, a gente vai fazer
um adendo, pode ficar
despreocupada.

O documento não ficava pronto na hora. Só depois de dois dias. Isso ficou na minha cabeça. Como que até agora, quase dois anos depois, ela não fez nenhuma procuração, e agora quer essa procuração de plenos poderes?

Nessa época eu tinha acabado de conhecer um pessoal de um grupo de teatro de São Paulo. Liguei e contei pra eles. Eles tinham uma advogada que, por coincidência, estudou Direito em Taubaté e me deu uma consulta de graça. Falou que eu não precisava entrar com essa procuração, não. Uma ação contra quem quer que fosse só precisava de uma procuração simples.

Essa advogada do teatro não podia me atender porque só atuava em São Paulo. Ela ia me colocar em contato com o Dr. Wagner, que era defensor público em Taubaté.

Pensei *a Dra. Gláucia deve estar de má-fé mesmo*. Fiquei fugindo dela até conseguir uma consulta com o Dr. Wagner. Como eu não tava bem, só piorava, falava *não vou, não vou, não vou*, e não ia. Só que era uma procuração cara. Custava 150 reais. A Dra. Gláucia me pressionava

Daniele, eu ainda tô pagando e você
fica enrolando pra ir assinar?!

41.

Nos primeiros três meses de casada, eu fiquei morando na casa dos meus pais. O Fabiano não encontrava casa pra gente, enrolava. Depois, arranjou uma casa num lugar muito longe, bem mais retirado da cidade, sem vizinhança nem nada, só pasto e vaca. Ele não falou nada pra mim e nem me levou lá pra conhecer.

Por conta disso, o André não veio morar comigo. A casa era muito afastada da escola. Ele ficava durante a semana na casa dos meus pais e, só no final de semana, ficava comigo.

Eu tava com anemia severa. Meu cabelo começou a cair e fiquei careca. Também entrei em depressão profunda.

O Fabiano começou a me levar num psiquiatra particular. Ele que pagava. E era tudo muito caro: o médico, a medicação. Eu ficava chapada o dia inteiro. Ele falou pro psiquiatra que era melhor me internar.

Ele também começou a me pressionar pra assinar a procuração de plenos poderes com a Dra. Gláucia. Mesmo em depressão profunda, com anemia, dopada, eu ainda tinha consciência de que não deveria assinar.

42.

Quando encontrei o Dr. Wagner, o defensor público, contei tudo pra ele. A história inteirinha, desde o começo. Ele falou pra mim que essa procuração não tinha cabimento.

Não assina, Daniele. Não tem lógica ela precisar dessa procuração.

Assinei os documentos com ele, já tirando a Dra. Gláucia. A procuração antiga que eu tinha com ela perdeu todos os efeitos legais. O Dr. Wagner também falou que não tinha essa necessidade de esperar tanto tempo pra entrar com ação de danos morais, até por causa do espancamento. Eu não poderia ter sido espancada, mesmo se eu fosse culpada.

Só faltava pegar com a Dra. Gláucia as reportagens que estavam com ela. Iam servir de prova no processo. Só que ela disse pro defensor que eu nunca tinha entregado essas reportagens pra ela. Ficou minha palavra contra a dela. O Dr. Wagner, graças a Deus, acreditou em mim. Falei pra ele

Eu não vou ficar nem mais rica nem mais pobre
por causa dessas entrevistas. Não tenho mais
estômago pra isso. Agora o senhor só pede
pra ela não chegar mais perto de mim
que eu não quero mais contato.

Quando ela começou a me ameaçar por não ter assinado a procuração de plenos poderes, o Dr. Wagner chamou ela lá

Não quero você a menos de cem metros
da Daniele; se você chegar a cinquenta
metros, vai dar problema pra você.
Agora ela é minha cliente.

Depois disso ela não chegou mais perto de mim. Fizeram uma página pra mim na internet. Ela mandou solicitação de amizade umas três ou quatro vezes pelo Facebook. Não aceitei.

A Cristina Cristiano uma vez tentou contato comigo por meio dela. A Dra. Gláucia disse pra jornalista que eu tava internada numa clínica psiquiátrica com problemas mentais. Tudo mentira.

A Cristina me contou isso quando fomos gravar um episódio de 42 minutos para a série "Condenado Inocente", transmitida pelo canal americano A&E, da tv fechada.

43.

"Você diz não saber
O que houve de errado
E o meu erro foi crer que estar ao seu lado, bastaria"

Meu erro/Paralamas do Sucesso

Depois que recusei assinar a procuração, o Fabiano viu que dali não ia sair mais nada. Ele também ficou com medo que eu fizesse alguma coisa errada que complicasse ele. Eu já tinha chegado a tomar um monte de remédio e a cortar o pulso.

Em julho de 2009, ele me colocou no carro, me deixou na casa da minha mãe e nunca mais voltou pra me buscar.

O casamento durou um ano e três meses.

◊

Chorei muito no dia da audiência da separação. Tinha muito medo de ficar sozinha, mesmo sabendo o marido que ele não era. Também tinha medo de perder o André. E foi isso o que acabou acontecendo.

O Fabiano quis ficar com a guarda do André porque não admitia dar pensão. Ele achava que eu ia usar o dinheiro pra mim. Além disso, ele não tinha emprego fixo. Só fazia bico. Nunca iria conseguir pagar a pensão de dois filhos. Os pais dele que arcavam com as despesas.

Mesmo quando o André ficava com ele, o Fabiano não tinha responsabilidade nenhuma: era a mãe dele que cuidava do menino, sustentava e pronto-acabou.

Ele conseguiu a guarda de novo alegando que eu não tinha condições de cuidar do meu filho e o André só passava as férias na minha casa. Eu não podia mais ver meu filho todos os dias.

Folha de S.Paulo

Presa por engano recebe R$ 15 mil de indenização

Rogério Pagnan
de São Paulo

21/01/2012 09h21

Daniele Toledo do Prado ficou presa por 37 dias, em 2006, sob a falsa acusação de ter matado a própria filha com overdose de cocaína.

Ficou conhecida, nacionalmente, como o "monstro da mamadeira". Foi agredida na prisão, perdeu a visão e a audição do lado direito e teve a clavícula e o maxilar quebrados. Após exames, comprovaram que a mamadeira não tinha cocaína.

Para a Justiça de São Paulo, todo esse sofrimento tem um preço: R$ 15 mil.

(...)

Fonte: <http://m.folha.uol.com.br/cotidiano/2012/01/1037572-presa-por-engano-recebe-r-15-mil-de-indenizacao.shtml?mobile>.

44.

Quando me separei, voltei pra casa dos meus pais e resolvi juntar forças.

Precisava entrar com o pedido pra ganhar a guarda do André de novo. Tinha que cuidar do meu filho.

Comecei o tratamento de saúde e já fui procurar trabalho.

Eu acreditava que, saindo o veredito da inocência, as pessoas iam acreditar em mim.

Consegui um emprego como caixa de uma lanchonete numa praça de alimentação do shopping. Tinha horário pra entrar mas não pra sair. Era um começo. Entrava às 14h30 e só saía depois que a praça de alimentação fechava. Às vezes, chegava em casa à meia-noite, meia-noite e meia.

Eu dava troco e atendia os clientes. Tava ali só há uma semana e tava tudo indo bem. Até que o segurança do shopping me reconheceu e foi contar pra gerente da lanchonete.

Ela veio falar comigo, quis saber da história. Eu disse que o juiz já tinha confirmado que eu era inocente.

Olha, meus antecedentes
criminais estão aqui...
Mas voce é ex-presidiária...
Foi um engano o que houve,
eu fui inocentada.
Tá bom, você é inocente, mas você já foi
presa. Você já ficou num ambiente prisional...

Ela não me mandou embora mas mudou totalmente o tratamento comigo. Começou a me tratar com desconfiança. Queria me pressionar pra que eu pedisse as contas. Até que eu pedi. Fiquei, no total, uns dez dias trabalhando lá.

◊

A repercussão da minha inocência não foi tão grande quanto a repercussão da minha prisão. Foi falado em alguns canais de televisão, mas não como antes. Por isso, muitas pessoas que não viram o resultado depois ainda ficavam na dúvida se eu tinha ou não matado a minha filha.

Do G1 Vale do Paraíba e Região

Justiça nega indenização a suposta vítima de estupro no HU em Taubaté

Decisão do juiz alegou prescrição do prazo e é contestada pela Defensoria. Mulher foi acusada em 2006 de colocar cocaína na mamadeira da filha.

A Justiça de Taubaté negou o pedido de indenização para Daniele Toledo do Prado, que afirma ter sido estuprada dentro do Hospital Universitário, em 2006. Ela já havia ganhado uma indenização por agressões sofridas na cadeia, quando ficou presa acusada de colocar cocaína na mamadeira da filha. A criança morreu e depois Daniele acabou inocentada.

O processo tem mais de mil páginas. Segundo o defensor público, os episódios do passado a impedem de seguir em frente. "No inquérito ficou reconhecida a ocorrência efetiva do estupro de uma paciente no interior do hospital, só foi arquivado porque, no entendimento do Ministério Público, eles entenderam que não houve provas da autoria do crime". (...)

Na época, Daniele alegou que o caso da mamadeira era uma retaliação. A história teria sido criada para encobrir uma denúncia de abuso sexual feita dias antes da morte da criança. Ela afirmou ter sido estuprada dentro do HU.

Daniele costumava ir ao local de 15 em 15 dias para internar a filha, que apresentava crises neurológicas. Um inquérito criminal foi aberto, mas a investigação acabou arquivada em 2009.

Pouco mais de um ano depois, o defensor público entrou com uma ação contra a Unitau e a Fust, fundação que administra o HU. No processo, ele apontou a falta de segurança nas instalações do hospital e pediu uma indenização de 300 salários mínimos para Daniele.

O juiz responsável pelo caso, Paulo Roberto da Silva, negou o pedido da ação. Na avaliação dele, o prazo para que Daniele entrasse com o processo teria prescrito.

Decisão considerada equivocada pelo defensor. "Recorremos assim que intimados da sentença. Ele entendeu que o prazo para entrar com a ação seria de três anos, quando a jurisprudência maciça de nossos tribunais determina que o prazo para esse tipo de ação, de prescrição, é de 5 anos", declarou Girón.

A Defensoria também recorreu da indenização que Daniele ganhou, relativa às agressões sofridas na cadeia. O valor de R$ 25 mil, além de uma pensão vitalícia de 60% de um salário mínimo, foi considerado insuficiente.

(...)

Fonte: <http://g1.globo.com/sp/vale-do-paraiba-regiao/noticia/2012/08/justica-nega-indenizacao-suposta-vitima-de-estupro-no-hu-em-taubate.html>.

45.

Pelo que fiquei sabendo, a "Dra. Patrícia" continua trabalhando na UTI neonatal do hospital-escola e se casou. Outro dia encontrei com ela na cidade. Ela não me reconheceu, ou fingiu que não me reconheceu.

O "Dr. Diego" se formou e clinica num hospital particular de Taubaté. Uma amiga minha viu ele lá. O processo de estupro contra ele foi arquivado, porque as provas colhidas no hospital sumiram. Ficou a minha palavra contra a dele.

A "Dra. Gláucia" se mudou pra um apartamento de cobertura, com piscina, ao lado do Taubaté Shopping. O escritório dela, que era na casa em que ela morava, hoje tem um espaço próprio no centro da cidade.

A repórter Cristina Cristiano, que foi demitida do *Diário de S. Paulo* após 25 anos de carreira, agora é contratada do SBT.

O hospital está sendo processado por danos morais e psicológicos. Toda vez que sai uma decisão, eles recorrem.